フレンチテック

伝統からイノベーションへ。変化するフランスとスタートアップ

林 薫子 [監修・著]

上田 敬・今井 公子 [著]

一般社団法人 金融財政事情研究会

まえがき

　フランスといえば、なにを思い浮かべますか。

　まずは「グルメ、ファッション・ブランド、観光」が思い浮かぶことでしょう。これは筆者が実施したある国立大学の経済学部の大学生へのアンケート調査にも顕著に示されており、3年連続で「グルメ、ファッション・ブランド、観光」が不動のトップスリーです。さらに、知っているフランス企業名をあげてくださいとの質問に対する同大学の学生の答えは、「Chanel（シャネル）、Louis Vuitton（ルイ・ヴィトン）、Renault（ルノー）」が3年連続のトップスリーです。

　そうしたなか、2023年1月、西村産業経済大臣（当時）は日本のスタートアップ支援策の一環として、「わが国の若手起業家をフランスに派遣する」と発表しました。この発表を聞いて、多くの日本人が「スタートアップ支援で、なぜフランスに派遣するの？」と疑問に思ったはずです。

　実は、フランスは2013年からスタートアップ支援に取り組んでいて、現在までの10年間に一定の成果をあげているのですが、日本ではまだまだ知られていません。

　本書ではこのフランスのスタートアップ支援策「フレンチテック」を解説すると同時に、フレンチテックの特徴である大企業とスタートアップの協業、また地方発のスタートアップの国際化や地域振興にも触れ、フランスが自ら「伝統」イメージを

打ち破って「イノベーション」を体現している現状を紹介します。

　フランスに対する新しい理解に役立てば嬉しいですし、それと同時に、フランスと同じく大企業が多くあり、伝統産業や地方経済をどのように活性化させていくかの課題をもつ日本にとって、今後を考えるヒントになれば幸いです。

　本書の第1章ではフレンチテックとは何か、第2章ではフランスのオープンイノベーションと大企業の役割について、そして第3章ではフランスの多彩なイノベーションについて述べています。第3章第2節では日本経済新聞社 編集 総合解説センター担当部長の上田敬氏に、日本で活躍するフランスのスタートアップの事例を、第3節のフランスのスタートアップのフランスでの成功事例は、パリ（本社）と大阪に拠点をもつオープンイノベーションおよび企業の国際連携を専門とするコンサルティング企業であるSINEORA（株式会社シンノラ）代表取締役の今井公子氏に執筆いただきました。続く第4章の日本のスタートアップの歩みとフランスに学ぶ日本のスタートアップの事例は、第3章第2節と同じく上田氏が執筆いたしました。第5章は最終章として、地方自治体にみる日仏の地域間交流とイノベーションの事例を紹介しております。第1章、第2章、第3章第1節、第5章は株式会社NARAFRANCE代表の林薫子が執筆いたしました。

　筆者が在日フランス大使館貿易投資庁－ビジネスフランスを退職して、株式会社NARAFRANCEを創業したのが2020年5

月。まさに世界中がCovid-19に覆われ出したときでした。そうしたなかだからこそ、日経イノベーション・ミートアップのオンラインセミナーで、フレンチテックの話題を提供する機会をつくり続けてくれた上田様、そしていつもパリから最新情報を発信してくれた今井様、このお二人との関係がなければこの本は完成しませんでした。そして今回の出版にあたり、フレンチテック取材の情報を快くご提供いただいた角川アスキーのガチ鈴木様とクロフィー代表取締役の土橋克寿様に心より感謝を申し上げます。また当方の古巣であります在日フランス大使館貿易投資庁ービジネスフランスのプレス担当の末永かおり様、そして現在のフレンチテック担当の後藤能文様には多くのサポートをいただきました。あらためてお礼を申し上げます。また、最新の情報として、最終章のディジョン―熊本の取組みについて、熊本県庁、くまもと産業支援財団、肥後銀行、公益財団法人地方経済総合研究所、農研機構こと国立研究開発法人農業・食品産業技術総合研究機構の皆様のスピーディーなご協力に感謝いたします。さらに、株式会社ICOMA代表取締役の生駒崇光様、株式会社ユーグレナ代表取締役社長の出雲充様、そして、フレンチテックのロゴやヴィジュアルの掲載を快諾してくれたフランスの Mission French Tech の広報担当 Caroline FRANK様に心からお礼を申し上げます。

　そして何よりも、この時期に「フレンチテック」の本を出版しませんか、という企画をご提案いただいた一般社団法人金融財政事情研究会出版部の山本敦子様がいなければこの本は実現

しませんでした。このテーマにこのタイミングで目をつけてい
ただいたこと、そして筆者にお声をかけてくださったことにあ
らためて感謝いたします。

　「フレンチテック」、そして日本のスタートアップエコシステ
ムは絶えず変化しており、どこを切り取るか、フォーカスする
かがむずかしく、だからこそこれまでまとまった著作がなかっ
たのかもしれませんが、まさに2024年春という、世界的スポー
ツイベントでフランス、そしてパリに注目が集まるこの時期に
この本が出版されることを心から嬉しく思います。

　Je vous remercie infiniment.

　Bonne lecture !!

　皆様に感謝申し上げます。

　楽しく読んでください。

　2024年、奈良にて

林　薫子

【著者略歴】

林　薫子（はやし・かおるこ）

株式会社NARAFRANCE　代表取締役

1996年　明治大学大学院経営学修士取得

　その後、フランス・ニースへの語学留学、明治大学大学院経営学研究科博士後期課程中退

2001年　フランス・ニース大学DESSマーケティング修了

2002年　フランス・ニース大学DEA経営学修了

2003年　在日フランス大使館経済部（当時）に就職

　バイオテクノロジー、IT、スタートアップ関連フランス企業の日本進出をサポート

2015年　同大使館貿易投資庁－ビジネスフランス上席貿易担当官

2020年6月　同大使館退職、奈良県生駒市に株式会社NARAFRANCEを起業

　日仏通訳、翻訳、日仏ビジネスコーディネータ、信州大学・高知大学でフランスのビジネス、起業論の講師等

2022年度　高知大学人文社会科学部非常勤講師

2022～23年　九州地区食品加工品のフランス輸出促進専門家（農水省補助事業）

2023年7～10月　フランス・ディジョン市開催ジャパンウィークのコーディネータとして九州食のマルシェ（試食会）とワークショップ、カンファランスを実施

通訳としてのモットーは、笑いの「間」まで通訳すること

上田　敬（うえだ・たかし）

株式会社日本経済新聞社　編集　総合解説センター担当部長

1989年　慶應義塾大学理工学部卒

1989年　日本経済新聞社入社。編集局科学技術部、日経ビジネス、中堅・ベンチャー企業部、電子版編集部署などを経て、現職。一貫して、スタートアップやイノベーション、SDGsなど

をテーマに取材

「FIN/SUM」（フィンサム）、「日経イノベーション・ミートアップ」などのイノベーションやスタートアップをテーマとするイベントの企画・運営メンバー

パリのオープンイノベーションイベント「ビバテクノロジー」は3回取材。企画・運営するセミナー「日経イノベーション・ミートアップ」では、フランスの有力企業LVMHのCIOを登壇者に迎えるなど、たびたびフレンチテックを取り上げている。

「スタートアップ・ワールドカップ」（グローバルピッチコンテスト。50以上の国・地域の予選を通過した企業がアメリカの決勝大会でビジネスプランを競う）をはじめ多くのスタートアップ関連イベントで審査員やモデレーターを務める

東京工業大学・上智大学・関西学院大学にて非常勤講師、同志社大学にて嘱託講師など歴任

主な著書・翻訳に『グッドワークス！』（フィリップ・コトラー他著、共訳、東洋経済新報社、2014年）、『ベンチャー企業の法務・財務戦略』（共著（ベンチャー・ロー・フォーラムとして編集）、商事法務、2010年）などがある

今井　公子（いまい・きみこ）

フランス・SINEORA 代表取締役、株式会社シンノラ 代表取締役

2000年　早稲田大学大学院アジア太平洋研究科国際経営学修士（MBA）取得、株式会社ファソテックに入社、経営企画を担当

2003年　ダッソー・システムズ株式会社に入社、大手電機メーカー担当を経て、アジア地域のビジネスデベロップメントマネージャー

2006年　ノキアジャパンに転職、アジア地域の設計製造システム管理部を設立し、リージョナルマネージャーを務める

2010年　渡仏。ダッソー・システムズのフランス本社に入社。産業機器業界部門のVice Presidentや間接販売チャネルのグローバル責任者を経て、コーポレートストラテジーや新規事業の立上げを担当

2019年　パリでSINEORAを起業。日本と欧州、大企業とスタートアップのオープンイノベーションを促進するため、現地のエコシステムを熟知する業界経験豊富なチームとともに日本企業のグローバル事業展開を支援

2023年　大阪に株式会社シンノラを設立し日本でのビジネス展開を拡大中

JETROパリ外部専門家、国立研究開発法人新エネルギー・産業技術総合開発機構（NEDO）のスタートアップ支援プログラム欧州コースメンターなども務め、エンジェル投資家としても活躍

凡　例

●本書の用語の定義

スタートアップ	イノベーションを通じて社会課題の解決や社会変革をもたらす、短期間で急成長する会社
ベンチャー企業	スタートアップが軌道に乗り、さらなる急成長を遂げ、拡大期にある会社
ベンチャー企業	既存のビジネスモデルをベースに、スモールビジネスから着実に成長する企業
ユニコーン	未上場で創業10年以内に、時価総額10億ドル以上を達成したスタートアップ

目　次

第 5 章

まとめ──地方再興のカギ

フレンチテックとは

「フレンチテック」と マクロン大統領

　エマニュエル・マクロン大統領は、2017年5月にフランス史上最年少でフランス大統領に選ばれ、一躍有名になった。それより約1年半前の2015年10月、マクロン氏はフランソワ・オランド内閣の経済・産業・デジタル大臣として来日し、東京で「フレンチテック東京」のローンチイベント開幕スピーチを行っている。フランスも日本も科学技術に優れ、多くの才能（タレント）があり、さらに世界的な大企業、研究機関も多くある。それらを活かしつつ、将来のイノベーションを起こすべく、互いにスタートアップ企業を生み、交流して、新しい時代の経済・イノベーション大国としてともに成長しようと、ここでマクロン大臣（当時）はおおいに語っているのである[1]。

　本日は世界レベルでエコシステムを再構築しようとしている日仏の革新的な企業の皆さんの前で講演できることをとても光栄に思います。

　日本とフランスはとても状況が似ています。優秀なエン

1　「『リスクを恐れず一緒に挑戦しよう』未来のフランス大統領が日本の起業家に語ったメッセージ〜2015年10月に東京で開催されたFrench Techイベントから〜」（DG Lab Haus 2017年5月18日公開 https://media.dglab.com/2017/05/18-event-french-tech/?fbclid=IwAR2fnHyGwTrtxCMGFUJD2d3qaIZ6zSou7a_F50_tYdNtNR8lahr6UoxK_ic）

ジニアが多く、素晴らしい研究機関があり、世界的大企業があり、さらには革新的なものを好むという国民性です。そして、両国とも、経済復興をしなければならないという大きな課題をもっています。そしてこの課題解決を一刻も早く成功させるために、フランスも日本も「スタートアップ」が必要です。

　フランスも、日本も、失敗を許さない、そして成功した人をあまり好まない社会だと私は思います。この二つの要因が挑戦することを躊躇させています。このままでは経済、産業、社会は進歩しません。挑戦することを応援し、成功することを讃える社会をつくらなければなりません。そのためにスタートアップが生まれ、挑戦し、時には失敗もして、成功したら讃えられ、社会を変えるのです。リスクを冒さない限り、成長はありません。今日ここに集まった日仏のスタートアップの皆さんは、挑戦すること、そしてリスクを冒すことを選んだ皆さんです。皆さんが新しい社会をつくります。この場所から未来のチャンピオンが生まれることを心から期待しています（筆者訳）。

　2015年当時、フランスの一大臣にすぎなかったマクロン氏の知名度は、日本ではまだ低いものであった。フランスのスタートアップ企業、ましてや「フレンチテック」については、日本の一般の人々の認識はゼロに等しかった。

　それが、その約1年半後、マクロン氏がフランス大統領に就

2015年10月５日（月）フレンチテック東京ローンチイベントにて、
マクロン大臣（当時）

出典：©ビジネスフランス日本事務所

任し、フランスを「イノベーション・スタートアップ立国」に
しようとアピールを重ねるたびに、2015年の東京でのこのス
ピーチが重みを増していくことになるのである。

　実は、2015年のこのスピーチは、マクロン氏が、一緒に来日
していたマニュエル・ヴァルス首相（当時）の代理で行ったも
のであった。代理とはいえ、当のデジタル大臣である。スター
トアップ・エコシステム、そしてイノベーションへのおおいな
る理解と期待を雄弁に語り、担当大臣としての面目躍如、大変
聞き応えのあるスピーチとなった。

　このフランス流スタートアップ・エコシステムの生みの親は

マクロン氏自身といっても過言ではないのだから、当然といえば当然である。つまりフランスは、スタートアップ支援策の重要性を説き、フレンチテックを立ち上げた当の本人がいま、大統領になっているのである。大統領になってからはさらに、フレンチテックの成長の節目となる重要なシーンで登場している。

　次節では、このフレンチテックの沿革をみていこう。

 ## フレンチテックとは何か

　「フレンチテック」（原語ではLa French Tech、ラ・フレンチテック）について、フランス語の公式サイト[2]ではこのように説明している。

> 　フレンチテックとは、フランスのスタートアップテクノロジーのイノベーションを活性化する政府の最優先事項であり、フレンチテック・エコシステムとは、フランスのすべてのスタートアップ、およびスタートアップの起業、資金調達、マーケティングを支援し、スタートアップの成長にかかわるすべてのプレイヤーのイニシアチブのことである。そしてフレンチテックの目的は、フランスをスタート

アップやその才能ある人材、そして投資家にとって最も魅力的な国にすることである（筆者訳）。

　解説していこう。フレンチテックは、2013年にフランス政府が開始した経済政策で、フランスの経済をスタートアップに牽引させ、活性化しようとする「スタートアップ支援策」である。

　フランスは伝統的に、消費財、ブランド産業、自動車・航空機・原子力などの重工業産業が強いのだが、いわゆるIT系のスタートアップは育っていなかった。もともと理系のエンジニアを多く輩出する大学、大学院、研究所はたくさんあるが、その人材が活躍できる企業が少なく、これらの卒業生の多くがアメリカのIT企業、スタートアップに流出していた。さらには、一般に大学卒業後の若年層の就職率も低く、若年層の失業問題も目立ってきていた。

　フレンチテックはそのような状況を打開し、経済の活性化を目指す目玉政策として開始された。

　わかりやすくいうと、フランスは、

1) 「スタートアップ推し」で、スタートアップを支援し、増やし、今後の経済の柱とすること、

2) スタートアップにかかわる投資家、メディア、大企業、教育機関を巻き込むエコシステムをつくりあげること、

3) もちろん、フランス発のスタートアップを増やすだけでなく、同時に諸外国のスタートアップや投資家もフランス国内

に誘致し、フランスを「スタートアップ大国」とすること、
の３つを目標とした。

　そのためにフランス政府は、2015年には約２億ユーロのアク
セラレーション基金を投入している[3]。

　フランス政府が最初に手がけたのは、スタートアップへ莫大
な直接投資をすることよりも、まずはフランスにスタートアッ
プのイメージを定着させることであった。

　具体的には、赤い雄鶏のロゴ「La French Tech」を使用し、
世界的な展示会（ラスベガスのCESや、バルセロナのMWC）[4]な
どに、フランスのスタートアップをフランスからの団体出展の
かたちで大量に出展させ、「フレンチテック」を話題にするこ
とから始めた。

　それによって、これまでアメリカのスタートアップに集中し
ていた投資家の注目をフランスに向けさせ、フランスのスター
トアップへの投資を呼び込むことに成功した。

　実際に、フランスのスタートアップへの投資額は、EYの
データ[5]によると、2022年で約135億ユーロとなり、欧州では
イギリスの約275億ユーロに次いで２位であり、フランスに次

3　土橋克寿「フランス政府が考える、スタートアップの成長を加速させ
る最適な枠組み」（Yahoo!ニュースエキスパート2017年１月２日公開記
事　https://news.yahoo.co.jp/expert/articles/f47ca9f884635180120d677e
e03ce6ad0ec4cacc）

4　CES（Consumer Electronics Show）は毎年１月にラスベガスで開催
される国際展示会。もともとは家電ショーだったが、現在はエウレカ
パークでのスタートアップの展示に注目が集まる。MWC（Mobile
World Congress）は毎年２月末にバルセロナで開催される国際展示会。

La French Techのロゴ

ぐ３位がドイツで約100億ユーロである。

　欧州では依然としてイギリスのスタートアップへの投資額が圧倒的であるが、フレンチテックが始動して以降、フランスへの投資額は着実に伸びている。

　たとえば2015年の投資額は約18億ユーロだったのに対して、2020年には約54億ユーロとなり、５年間に約３倍となっている。その後、2020年から2022年の２年間では約2.5倍に増額している。

　現在、欧州のスタートアップ投資額は、「１位イギリス、２

5　Franck Sebag "Baromètre EY du capital risque en France —— Bilan annuel 2022"（「年次総括2022年版」EYフランス　2023年１月16日　https://www.ey.com/fr_fr/fast-growing-companies/barometre-ey-du-capital-risque-les-resultats-annuels）

位フランス、３位ドイツ」が固定化しつつある。フレンチテック開始以前は、圧倒的なイギリスの１位に対して２位がドイツであり、それ以外の欧州の国を問うたときに、「フランスにスタートアップなんてあるの？」というのが投資家のもっぱらの認識であったといわれる。

フレンチテックは、フランス政府がスタートアップに直接投資することを目的としたシステムなのではない。

「フランスにスタートアップが存在する」という新たな認知を生み出すために、国際的なテクノロジー展示会に出展して、その結果、投資家の注目を集め、さらなる起業家を生み出すことを目的とした、フランスの「スタートアップ・イノベーション立国」のイメージアップ（というよりもむしろイメージチェンジ）のキャンペーンなのである。

フレンチテックは明確な数値目標も掲げている。フランス発ユニコーンの誕生件数である。

2019年９月にマクロン大統領は「フレンチテックNEXT40」を発表する。これは、2025年までにフランス発ユニコーン25社を誕生させるという目標のために、ユニコーン候補として選んだスタートアップ40社を特に支援し、さらにはフランス発ユニコーンを世界的な大企業に育てるというキャンペーンである[6]。

このフレンチテックNEXT40、そしてNEXT120は、現在では毎年発表されている。

6　"French Tech Next40/120"（フランス政府フレンチテック公式サイト）

フレンチテックNEXT40/120に選ばれたスタートアップ企業（2023年２月発表）

出典：Mission French Tech提供

　これは、注力するスタートアップを毎年アップデートしていること、そしてすでにユニコーンとなった企業へも継続的な支援をすることの表れでもある。スタートアップの世界は競争が激しく、浮き沈みが激しい。その点でも、スタートアップの現在地を正確に把握する方策を講じていることは、注目に値する。

　2023年２月には、ブリュノ・ル・メール大臣の祝福のメッセージとともに最新のフレンチテックNEXT40と120が発表されている。フレンチテックの理念を示した同メッセージ全訳と、この2023年のフレンチテックNEXT40/120の全企業を紹介

したリストを、巻末資料に掲載しているのでご参考にされたい。

フレンチテックNEXT40は、上記のとおりすでにユニコーンとなったスタートアップをさらにスケールアップさせ、世界的大企業に成長させるためのセレクションで、NEXT120は今後のユニコーンを目指すスタートアップが選ばれている。

2023年に新たに選ばれたスタートアップはNEXT40で6社、NEXT120で21社であり、継続支援と新規スタートアップの目利きのバランスがみられる。

これらのスタートアップは18のテーマに分類される。18のテーマについては第3章「フランスの多彩なイノベーション」で述べるが、主なものとしては、ヘルステック、バイオテック、フィンテック、リテールテック、モビリティ、グリーンテック等がある。

なお、2019年に掲げたユニコーン数の目標は「2025年までに25社」であったが、すでに2022年までに27社のユニコーンが誕生し、目標を達成したことになった。そこで、マクロン大統領は2022年6月に、「2030年までに100社のユニコーン誕生」と、新たに意欲的な目標を掲げている[7]。

フランス発のユニコーンには、フランスで最初のユニコーンとして知られるカーシェアリングのブラブラカー（BlaBlaCar、2006年創設）やフランス国内でのコロナワクチン接種の予約ア

---

7 "100 licornes françaises en 2030 ?"（Capital 2022年6月17日 https://www.capital.fr/economie-politique/100-licornes-francaises-en-2030-1439413）

プリとして国民に広く使用されたヘルステックスタートアップのドクトリブ（Doctolib、2013年創設）があり、いまやフランス人の日常生活に欠かせないものとして大変親しまれている。ブラブラカーのメンバー登録者数は2,600万人で、ドクトリブのユーザー数は7,000万人である。

また、たとえば、スマホゲーム開発のVoodoo（2013年創設）には毎月1,500万ユーザーがいるし、中古高級ブランド品のECサイトのVestiaire Collective（2009年創設）には毎日2万5,000アイテムが出品されている[8]。

もちろん、フランス発ユニコーンはすべてが消費者向けというわけではないが、このような日常生活に溶け込むユニコーン、スタートアップというのも、フレンチテックをフランス国民の身近なものにしているのではないだろうか。

フレンチテックがさらに特徴的なのは、最初からスタートアップ・エコシステムの国際化と国内活性化を視野に入れていることである。

まず国際化であるが、世界中に「フレンチテック国際コミュニティ」を配置し、現地のスタートアップ・エコシステムにフレンチテックを認知させ、さらに、世界のスタートアップコミュニティを盛り上げようとしたことである。

日本にも2015年10月に「フレンチテック東京」がローンチし、オープニングイベントに当時デジタル大臣であったマクロ

8　"Promotion 2023 du Programme French Tech Next40/120"（フランス経済・財務省プレスキット2023年2月20日）

フランス国内外のフレンチテック・コミュニティ

フランス国内のフレンチテック・キャピタルとフレンチテック・コミュニティ

出典：上下ともMission French Tech提供

ン大統領が出席していることは先に述べた。東京はニューヨーク、テルアビブに次ぐ、世界で3番目のフレンチテック国際コミュニティ（当時の旧称では「フレンチテックハブ」）である。2023年2月に新たに発表された「フレンチテック国際コミュニティ」は2023年9月現在、世界67カ所を数える[9]。

その一方、フランス国内各地にも16の「フレンチテック・キャピタル」（さらにその下部拠点として32の国内コミュニティ）を設け、各地の地場産業をもとに、産・官・学、そして民間の金融投資でスタートアップを活性化させようとしている。

もともとフランスには地方ごとに特色と歴史のある産業があり、それに対応した大学や研究機関が集積している。それらを活かしたかたちで「フレンチテック・キャピタル」を指名し、それによって、首都パリだけではなくフランスの各地方が、その土地に根づいた「自分ごと」として、このフレンチテック政策を身近に感じられるようにした。この点が、フレンチテックが国全体の協調を高める政策として成功しているゆえんであると思われる。

9 "Labellisation 2023-2025 des Capitales et Communautés French Tech"（フランス経済・財務省プレスキット2023年2月）

３ フレンチテックの 「産・官・学・金融」の役割分担

　前節までにおいて、フレンチテックが2013年から始まるフランスのスタートアップ支援の経済政策であり、それはフランス政府からのスタートアップへの大規模な直接投資のシステムではなく、フランスが「スタートアップ支援国」であることを世界に認識させ、それによって民間投資をフランス国内に呼び込み、スタートアップ・エコシステムを生み出し、同時に自国のスタートアップの国際化・国内での活性化を図る仕組みであることをみてきた。つまり、あくまでも政府は「旗振り役」で、主役は「スタートアップとそのエコシステム」というスタイルだが、本節では、実際の産・官・学・金融（民間）での役割分担をみていきたい。

(1)　「官」としての役割

　まず、「官」からみていこう。「官」には、「フレンチテック」の取りまとめ役を果たす「ミッション・フレンチテック」（La Mission French Tech）が存在する[10]。経済金融省企業局の傘下にあるが、そのトップは官僚ではなく、2021年11月より、

10　"La Mission French Tech réaffirme le rôle central des Capitales et Communautés dans son développement"（フランス経済・財務省サイト2022年９月23日）

ファッションテック系のスタートアップ起業家であるClara CHAPPAZ（クララ・シャパッズ）が務めている。

このミッション・フレンチテックがフレンチテックの活動方針を決め、たとえば先ほど説明した「フレンチテックNEXT 40/120」を選び、フランス国内のフレンチテック・キャピタルや国内外のコミュニティとともに、中心的に活動している。

また、「官」としての金融支援は、フランス国立投資銀行（Bpifrance、ベー・ペー・イー・フランス）が担う。たとえば、フランス国外で開催されるCESやMWCといった、国際的なテクノロジー展示会に出展するための費用を貸し付けたり、人材雇用のための費用をサポートしたりと、スタートアップの国際化やビジネス活性化のための具体的な金融支援を実施している。

国際化やプロモーションは、ビジネスフランス（Business France、フランス貿易投資庁）[11]が担当する。

上記のCESやMWCのような世界的な展示会で「フレンチテックパビリオン」を運営し、フランスのスタートアップを合同出展させ、国際的にアピールする役割を担っている。同時に、各国ごとのプロモーションも実施する。たとえば日本では、東京でフレンチテックツアーを実施し、フランスのスタートアップを数社合同で来日させ、日本企業とのビジネスマッチングを

11　筆者は2003年から2020年まで在日フランス大使館貿易投資庁－ビジネスフランスに在籍し、フランスのIT、イノベーション企業の日本進出をサポートしていた。

行う。

　このような政府系機関がフランスのスタートアップをバックアップしている。

　また、フレンチテックがフランス国外からも優秀な起業家を集め、スタートアップを起業させ、さらにはスタートアップへの投資家や、フランス国内のスタートアップに就職する従業員をフランスに呼び込むために、「フレンチテック・ビザ」（French Tech Visa）を発行するのも「官」の役割である。これはスタートアップ・エコシステムにかかわる人とその家族に発行する4年間有効のビザで、スタートアップにかかわる人材のフランス国内への移住をスムーズにするものである[12]。

　ちなみに2016年と2017年には「フレンチテック・チケット」（French Tech Ticket）も発行された[13]。これは世界からスタートアップを公募し、プロジェクトに選ばれたフランス以外のスタートアップを1年間無償でパリ（2017年はフレンチテック・キャピタルの都市）に住まわせ、そこでスタートアップのプロジェクトを進行させるという、フランス以外のスタートアップを直接フランスに誘致するプロジェクトも実施されていた[14]。

12　"French Tech Visa"（フランス政府フレンチテック公式サイト2023年9月27日更新）
13　"French Tech Ticket, saison 2 !"（フランス首相府サイト2016年6月30日）

(2) 「産」としての役割

　「産」としては、フランスの大企業の役割が大きい。たとえば通信大手のオランジュ（Orange）がスタートアップとのオープンイノベーションプログラムを展開し、多くのスタートアップとの協業を実施している。ここで注目すべきは、テクノロジーやイノベーションとは一見無縁なLVMHというラグジュアリー産業も、スタートアップとの協業に注力している点である。これについては第2章2で詳しく述べる。

　大企業だけではなく、個人投資家、資産家も重要な役割を担っている。たとえば、2017年にパリ13区に世界最大のスタートアップ・キャンパス「StationF」を誕生させたのは、フランスのIT企業家・投資家のXavier NIEL（グザヴィエ・ニエル）氏である。

　彼は1990年にフランス通信大手イリアッド社を創業。その後、携帯キャリア「Free」で大成功を収め、フランスの孫正義ともいわれている[15]。StationFのオープニングには当時就任

14　2016年は世界から722社の応募があり23社が選ばれ、2017年は2,700社から70社が選ばれた（「フレンチテック・チケット第2期応募受け付けスタート、フランスで起業しよう！」（在日フランス大使館サイト2019年1月17日更新）；"Discover the 70 winners of the French Tech Ticket Season 2"（ビジネスフランスオンラインサービス2017年6月9日））。

15　土橋克寿「仕掛け人はフランスの孫正義、世界最大のスタートアップ・キャンパスがパリで始動」（Yahoo!ニュースエキスパート2017年7月5日掲載 https://news.yahoo.co.jp/expert/articles/ef04b83156daf89181ce4b5177b921c50931db22）

したばかりのマクロン大統領も訪れ、まるでStationFは公共の建物というイメージをもたらしたが、それは完全に「民間」のスタートアップのための施設であり、ニエル氏が私財2億5,000万ユーロを投資した施設である。ちなみに彼は無料のコーディングスクール「Ecole42」を創設し、その後、2021年9月には未来の農業のためのアグリテック・キャンパス「HECTAR」もパリ郊外に開設した[16]。

このように「産」として、大企業さらには個人投資家、企業家も、フレンチテックのエコシステムには重要なアクターとなっている。

(3) 「学」としての役割

「学」としては、これまでエリート養成校として、大企業の経営者や官僚、政治家を育成してきたいわゆるグランゼコールといわれる高等教育機関が「起業家教育」に力を入れてきたことがあげられる。

たとえば、マクロン大統領の出身校であるパリ政治学院（Sciences Po、シアンスポ）でも、いまやスタートアップ教育も大変盛んである[17]。また理系のグランゼコールであるエコールポリテクニック（Ecole Polytechnique、通称X）では、すでに2017年の年次報告書に学校の3本柱として、「研究、教育、起

16　HECTAR公式サイト（https://www.hectar.co/）
17　パリ政治学院公式サイト2023年10月20日閲覧（https://www.sciencespo.fr/en/news/sciences-po-s-startup-incubator-applications-are-open）

業家精神」をあげており、同X発のスタートアップは国際的に注目を集めているとしている[18]。そして、2022年の年次報告書には、「フランス発の28のユニコーンのうち7社は当校出身者によるスタートアップである（筆者訳）」[19]と記載されていることから、この歴史あるグランゼコールでスタートアップ教育が定着し、確実な結果を生み出していることがわかる。

(4) 民間の「金融」投資の役割

直接にスタートアップに投資する「金融」の面では、民間の機関で特に力を入れているのが、フランスの総合金融機関「クレディアグリコル」（Crédit Agricole）である。

クレディアグリコルは2014年にパリに「Le Village by CA」というイノベーション・ラボを開設し、現在ではフランスのみならず、イタリア、ルクセンブルクなど計44カ所に拠点を所有している。この活動目的は、クレディアグリコルのもともとの顧客である大企業や中小企業と、スタートアップとを結びつけること、それぞれの専門分野や地域にあったパートナーとのマッチングを行い、ネットワークを構築することにある[20]。

クレディアグリコルはその名称から「農業系」のスタートア

---

18 市川隆治「ヨーロッパにおける起業家教育事情」（「ベンチャー白書：ベンチャービジネスに関する年次報告2018」Ⅰ－p.102-103、ベンチャーエンタープライズセンター編）
19 "Rapport Annuel 2022"（エコールポリテクニック2022年年報p.5、Institut Polytechnique de Paris 2023年6月）
20 Le Village by CA公式サイト（https://levillagebyca.com/）

ップ支援に特化していると考えられがちだが、あらゆるイノベーション分野のスタートアップに対応している。

　本章でフレンチテックとは何か、その考え方や、役割分担といった「枠組み」は理解できたかと思う。次章では、フレンチテックの役割のなかでも特に重要であるフランスの「大企業」の取組み、そしてスタートアップとのオープンイノベーションについて具体的に紹介していく。

第 2 章

オープンイノベーションと
大企業の役割

フレンチテックのショーケース 「ビバテクノロジー」とは？

　政府主導のフレンチテックにおいて、大企業が重要な役割を担っていることは第1章で述べた。では、以下にあげるフランスの大企業は共通のあるものに関係するのだが、それはいったい何かおわかりになるだろうか。

　LVMH（ラグジュアリー企業）、ロレアル（コスメ消費財）、Orange（テレコム通信）、La Poste（フランス郵政公社）、SNCF（フランス国鉄）、RATP（パリ交通公団）、サノフィ（製薬企業）、Engie（エネルギー企業）、TotalEnergies（エネルギー企業）、BNPパリバ（銀行）、アクサ生命保険

（注）　日本法人のある企業、日本に支店のある企業は、日本における名称とした。

　フランスの各分野を代表する大企業だが、これらは実はすべて、パリで開催されているスタートアップとオープンイノベーションの展示会「ビバテクノロジー」（Viva Technology、略して「ビバテック」Viva Tech）のパートナー企業なのである[1]。
　ビバテクノロジーとは何か。これは2016年からパリで毎年6

1　"2023 Partners" ビバテクノロジー公式サイト2023年10月20日閲覧

月に開催されている、スタートアップとオープンイノベーションの展示会である。

　もともと、ラスベガスのCESが家電の見本市、バルセロナのMWCがモバイル通信の展示会として存在し、現在はスタートアップに注力しているのに対して、このビバテクノロジーは最初から「スタートアップの展示会」と銘打っているのである。

　2023年6月は7回目の開催であったが、会場はパリ市内15区の展示会場ポルト・ドゥ・ベルサイユで行われ、世界から15万人の参加者を迎えた。

　この展示会の主催者はフランスの広告代理店ピュブリシス（Publicis）と経済新聞社レゼコー（Les Echos）であり、れっきとした「民間」主催の展示会である。

　しかし、2017年就任直後のマクロン大統領がこの展示会にゲスト登壇し、「フランスはスタートアップ立国だ」と大々的にスピーチし、しかも会場のインターナショナルな聴衆に向かい英語でスピーチしたことで注目を集め、まるでビバテクノロジーがフランス政府主催の展示会であるかのような印象を与えた[2]。

　それ以降、マクロン大統領は毎年ビバテクノロジーに登場しており、その時々にあわせた最新フレンチテック情報を発言している。第1章で述べた「2030年までにフランス発ユニコーン100社」という発言も2022年6月のビバテクノロジー時のもの

2　"Viva Technology : Macron lance un fonds de 10 milliards dédié aux start-up"（Les Echos 2017年6月15日）

「ビバテクノロジー2023」に登壇するマクロン大統領

出典　文：ガチ鈴木「Viva Technology 2023、世界最大のオープン・イノ
　　　ベーションの祭典がフランスで開幕」（ASCII STARTUP 2023年6
　　　月15日公開　https://ascii.jp/elem/000/004/141/4141002/）

である。

　では、このビバテクノロジーの特徴は何か。それは、先にあ
げたフランスの大企業をはじめとする世界の大企業がパート
ナーとなり、自社の企業ブースをもち、その大企業と協業す
る、つまりオープンイノベーションで協業するスタートアップ
がその企業ブース内に展示するのである。

　なおビバテクロノジーの出展者を大きく分けると以下の3つ
になる。

1）　大企業ブースとそれと協業するスタートアップ

2）　国やフランスの地方自治体ブースとその国、地域発のス

タートアップ

3) スタートアップによる単独出展

　もちろん、大企業といってもフランス企業だけでなく、Google、Amazon、MicrosoftやIBMといった北米企業も多く出展している。

　これらの大企業ブースは、たとえばLVMHブースであっても、そこにLVMHの各ブランド品が展示してあるのではなく、LVMHが協業するスタートアップのテクノロジーやイノベーションが展示してある（LVMHについては次節で詳しく紹介する）。

　一般のテクノロジーの展示会では、ロボットコーナーやモビリティコーナーなど、テーマごとに企業やスタートアップが展示されているが、ビバテクノロジーでは、まず大企業ブースがあり、その大企業が自社の課題を明らかにし、その課題を解決するスタートアップがブース内で展示をしているのである。

　出展までに至る具体的な段取りは次のとおりである。

　ビバテクノロジー開催の約半年前から、各パートナー企業が自社の課題を公表し、その課題を解決すべきソリューションをもっているスタートアップがコンテストに応募し、そのスタートアップからの提案内容を大企業が審査し、その結果、選ばれたスタートアップが、ビバテクノロジーの大企業ブース内に出展できるのである[3]。この場合、大企業に選ばれたスタートアップは無償でビバテクノロジーに出展できる。この仕組みを「チャレンジ」と呼んでいる[4]。

したがって、ビバテクノロジーでは、スタートアップの単独展示も存在するが、メインは大企業ブースとその大企業に選ばれたスタートアップの展示である。

　大企業ブースをみれば、その大企業が課題とみなしているものがわかり、選ばれたスタートアップの展示をみれば、大企業が選んだ解決策がわかる。課題を解決するのに、数あるなかからどういうスタートアップと協業することを選んだかなど、大企業の方針やイノベーションへのかかわりなどすべてがわかる。そういった意味では、ビバテクノロジーは、大企業が手の内を公開している場だともいえる。

　よく参照される事例には、ビバテクノロジーのファウンダーパートナーの１つでもあるラ・ポスト（フランス郵政公社）がある。頻繁に配達遅延を起こすという事情があり、その問題を解決するソリューションやサービスをもつスタートアップを、このビバテクノロジーで募集した。2018年のラ・ポストのチャレンジでは、約40社のスタートアップを協業可能性があるとして選んだが、そのなかの１つStuartは、いわゆるラストワンマイルデリバリーを専門とするスタートアップである。当時はラ・ポストの物流量の多い都市型のいわゆるバイク便や自転車便を担っていたが、いまではＥコマースや、食をデリバリーす

3　文：飯島範久、編集：ガチ鈴木「FutuRocket美谷氏が感じた世界のテック＆ベンチャーイベントのトレンド事情」（ASCII STARTUP 2018年12月３日公開 https://ascii.jp/elem/000/004/025/4025355/）
4　“VIVATECH STARTUP CHALLENGES”（ビバテクノロジー公式サイト2023年10月20日閲覧）

る物流企業に成長している[5]。

　大企業の「弱み」を自社の課題として正直に公開し、それを解決してくれるスタートアップを探し出し、協業する。このように、非常に具体的なオープンイノベーションの事例を、ビバテクノロジーの会場でみることができる。

　そういった意味では、ビバテクノロジーは一般的な展示会のように最新のテクノロジーがテーマごとに並び、最新のテックトレンドが一目瞭然に羅列されている場ではない。

　大企業のブースと、そこに出展している大企業に選ばれたスタートアップの展示から、大企業の課題を読み取り、選ばれた解決策を理解する。それぞれの課題の傾向から、社会課題のトレンド、そして解決策の方向性を読み取る。ビバテクノロジーは、大変「頭を使う」展示会といえるだろう。

　ビバテクノロジーを訪問した日本の企業関係者から、「ビバテクノロジーはまったくおもしろくなかった」といわれたことがある。たしかに、ほかの展示会のように、訪問者に丁寧に「テックトレンド」をみせてはくれない。一方、まるで「謎解き」を楽しむように各企業の展示から「課題と解決策」を探索した日本からの別の訪問者は、「こんなにおもしろい展示会は

5　"VivaTech 2018 ── L'innovation numérique by La Poste"（La Poste 2018年6月20日）。なお、2023年9月18日付のレゼコーによると、Stuart社はLa Posteからドイツ企業の傘下に移ることが決定した（"Livraison : La Poste cesse les frais avec Stuart"レゼコー2023年9月18日　https://www.lesechos.fr/industrie-services/services-conseils/livraison-la-poste-cesse-les-frais-avec-stuart-1979301）。

ない」と絶賛していた。そのような点に鑑みて、やはり、フランスらしい「哲学と考察」が必要なテックイベントといえるであろう。

　さて最初にも述べたように、このビバテクノロジーは、フランスをはじめとする世界各国の大企業だけでなく、各国のナショナルパビリオンやフランス国内の地方自治体のパビリオンも参加しており、それぞれのスタートアップとともに出展している。

　たとえば2023年のパビリオン出展国としては、ドイツ、オランダ、ベルギー、スイス、イタリア、スペイン、ポルトガル、アイルランド、ルクセンブルク、トルコ、チュニジア、セネガル、コートジボワール、アルメニア、リビア、サウジアラビア、UAE、カナダ、ニュージーランド、ブラジル、インド、台湾、韓国があり、そして日本は東京都が出展していた[6]。

　またビバテクノロジーで特筆すべきは、アフリカテックの存在感である。フランスから地理的にも近く、歴史的・経済的にも深い結びつきがあるため、毎年大きなアフリカ発のスタートアップを集めたパビリオン「アフリカテック」をもち、注目を集めている。

　このアフリカテックパビリオンは、ビバテクノロジー主催者とともに、世界銀行のグループ機関で民間セクターの投資やビジネス支援を手がける国際金融公社（IFC）が運営し、アフリ

6　"Exhibitors & Startups List"（ビバテクノロジー公式サイト2023年10月20日閲覧）

カ発のスタートアップによる課題解決のためのチャレンジを実施し、選ばれたスタートアップがこのビバテクノロジーに出展、世界の投資家やビジネスパートナーに出会う場所となっているのである[7]。

つまり、それぞれの国地域も、いま一番推す自国のスタートアップとともに出展しているのだが、2023年は、日本のナショナルパビリオンは、残念ながら存在しなかった。

その前年の2022年には、ジェトロ主催のジャパン・ブースがあり、日本発の11社のスタートアップが展示し、さらにビバテクノロジー会場内で日仏3社ずつのスタートアップが登壇するピッチコンテストも実施し、日本の存在感を示していた[8]。

なお2023年は、Country of the year（今年のメイン国）として韓国が選ばれており、韓国の存在が目立っていた。2022年はインドで、日本がこれまでメイン国に選ばれたことはない。

2023年は日本のナショナルパビリオンとしての存在はなかったが、ビバテクノロジー主催者招待枠で出展した日本のスタートアップ、株式会社ICOMA[9]があった。ICOMAはタタメルバイクというモビリティの開発スタートアップだが、ラスベガスのCESにも出展経験があり、フランスのビバテクノロジーとCESの比較について、株式会社ICOMAの代表取締役社長生駒

7　"AfricaTech Awards"（ビバテクノロジー公式サイト2023年10月20日閲覧）

8　「ジェトロ、『ビバ・テクノロジー』で4年ぶりにリアルの日本ブース設置」（「ビジネス短信」ジェトロウェブサイト2022年6月23日）

9　株式会社ICOMAウェブサイト（https://www.icoma.co.jp/）

ビバテクノロジーに出展したICOMAのタタメルバイク

出典：©株式会社ICOMA提供

崇光氏が語っている。

CESでは、ビジネストーク的に「これいいね」というテンションでの会話が多かったのに対して、ビバテクノロジーでは、少し奥ゆかしいけど「これ本当にいいですね」という本音の反応があり、より親しみやすさがあった。そこに、ものづくりとかライフスタイルとか環境配慮とか、日本とのシンパシーは感じた。そしてLVMHなど大企業パビリオンはとても面白いし、デザインとしての見せ方も素晴らしい。この展示の仕方は「大企業の庭でスタートアップが遊んでいる。」という感じで、スタートアップをM&Aでどんどん囲い込もうとするアメリカとは違って、ゆとりというか余裕を持ってスタートアップを育てている感じがした。それがフランス流のオープンイノベーションなのかなと実感した。

（2023年8月29日【TMIP】VivaTech 2023から学ぶオープン・イノベーションの潮流〜日経イノベーション・ミートアップ連携企画〜にて、ICOMA代表談）

　ビバテクノロジーに出展するフランスの地方自治体もパビリオンをもち、その地域発のスタートアップを紹介し、アピールしている。

　ノルマンディー、イルド＝フランス、オクシタニー、ボルドー都市圏、ペイ・ド・ラ・ロワール、サントル＝ヴァル・

ド・ロワール、ローヌ＝アルプ、ヌーベル・アキテーヌ、コートダジュール＝プロバンス、コルシカ、そして海外県・海外領土のレユニオン、ニューカレドニアが、地元のスタートアップを出展させている。第1章で述べたように、フランス政府はフランス各地の地場産業豊かな都市をフレンチテック・キャピタルに指名し、その地域のスタートアップのビジネス促進、さらには国際化を目指しているからである。

このようなフランスの地方自治体パビリオンに出展するスタートアップも、一般の審査を経て出展しているので、やはり選ばれしスタートアップがビバテクノロジーに集まってきていることに変わりはない。

そして、このビバテクノロジーは、フランス・パリで開催されているにもかかわらず、国際的なスタートアップとオープンイノベーションの展示会であるので、共通言語は「英語」である。スタートアップコンテスト「チャレンジ」の申込みもすべて英語であり、会期中のカンファレンスやピッチコンテストも英語で行われる。

ただし、会期最終日の土曜日は一般公開日となり、学生や家族連れ、子供たちがスタートアップやイノベーションに親しむことができる。この日については「フランス語」の展示会となる。出展者により、ビジネスデー（初日の水曜日から金曜日まで）のみ出展する企業もあれば、ビジネスデーと一般公開日とで出展内容を変更する企業もある。

いずれにしても、このスタートアップとオープンイノベーシ

ョンの国際的展示会に一般公開日が設けられていて、一般市民が休日の楽しみとしてビバテクノロジーを訪問するという、この何げない行動を生んでいることこそに、スタートアップを身近に感じられる環境が整っているフランスの底力を感じる。

　次節では、このビバテクノロジーのファウンダーパートナーの１社であり、現在、積極的にスタートアップとの協業に取り組んでいるLVMHの事例を紹介する。

2　ラグジュアリーからイノベーション企業へ—LVMHの戦略

　筆者が講義をしている信州大学経法学部の学生に、知っているフランスの企業名をあげてもらうと、以下のような名前があがった[10]。

Chanel, **Louis Vuitton**, Renault, Hermès, **Dior**, Cartier, YSL, **LVMH**, Lacoste, Le coq, Loccitane, Airbus, Citroën, Peugeot, Sanofi, Atari, Pernod-Ricard, AXA, BNP, Société Général, Lancôme, L'Oréal, Guerlain, Chloé, Ami Paris, Van Cleef&Arpels, Danon, Jean Paul Hévin, Michelin,

---

10　関利恵子、林薫子「起業とスタートアップに対する不安と期待——講義前アンケートと講義後レポートにみる学生の起業意識の変化——」（「信州大学経法論集」2023年、第14号 p.90、信州大学経法学部刊行）

Peugeot Motocycle, Look, Time, Bugatti Automobiles, Voodoo, PSG, Baccarat, Waterman, Spring Court, Evian, APC, TotalEnergies, Dassault, agnès b., **Tiffany**, **Céline**, **Givenchy**, Pierre Hermé, Air France, Babolat, Figaro, Stade de Reims

　フランスらしくラグジュアリーブランドやコスメブランド、自動車、食品ブランド、サービス業、サッカーチームまで多彩な企業名があがったが、このうち太字で表したものが、これから述べるLVMHグループ内のブランド企業である。

　LVMHはLouis Vuitton Moet Hennessy（ルイ・ヴィトン・モエ・ヘネシー）の頭文字をとった世界最大のラグジュアリー企業体である。1987年より、グループ会長兼CEOのベルナール・アルノー（Bernard Arnault）氏によって指揮され、現在、グループ内に75のメゾン（ブランド）をもち、2022年の世界総売上げは792億ユーロ、世界総従業員数は19万6,000人である[11]。

　LVMHは、ブランドとして以下の6つのセクターを保有している。

1．ワイン＆スピリッツ

2．ファッション＆革製品

3．香水＆コスメティック

11　"LE GROUPE"（LVMH公式サイト https://www.lvmh.fr/groupe/ 2023年10月20日閲覧）

4．時計&ジュエリー

5．専門リテール

6．その他[12]

　つまり、フランスの高級ブランドの多くがこのLVMH傘下なのである。たとえば、先のアンケートで学生があげたルイ・ヴィトンはもちろんのこと、ディオール、セリーヌ、ジバンシィが２のファッション&革製品分野と３の香水&コスメティック分野のブランドとなる。また、ニューヨークのイメージが強いジュエリーのティファニーも、2021年からLVMHグループの一員である。

　このラグジュアリー産業の絶対的王者であるLVMHが、なぜ「スタートアップ」そして「イノベーション」に注力するのだろうか。

　それは、グループCEOアルノー氏の言葉によれば、LVMHは常に伝統と革新をテーマに新しいクリエーションを生み出しているからである。ただ単に伝統や昔のものをいまに継承するだけでなく、新しいテクノロジーを活用し、時代にあった問題を解決しながら、より素晴らしいものを、世代を超えて生み出していく。この起業家精神と開拓者精神こそが、LVMHが長きにわたって成功している秘訣だとし、何よりも大切にしているのが「イノベーション」と「クリエイティビティ」と「卓越

12　「その他」には、メディアや観光事業などが含まれる。

LVMHイノベーションアワード2023セレモニーでの写真

出典：「Save Your Wardrobeがビバ・テクノロジーで2023 LVMHイノベーションアワードの大賞を受賞」（LVMH日本語公式サイト https://www.lvmh.co.jp/ 2023年6月15日）

性」であるとしている[13]。つまり、LVMHが「イノベーション」や「起業家」に注目するのはいまに始まったことではない。最初からLVMHのDNAに組み込まれている精神なのだと主張している。

　LVMHを表面的に「ラグジュアリーブランド」産業としてのみ理解する一般的な消費者にとって、「なぜLVMHがスタートアップと協業するのか？」、さらには「なぜビバテクノロジーに出展するのか？」は疑問の最たるものだが、LVMHの創業の精神を知れば、それは当然のことなのである。

---

13 "LVMHイノベーションアワード――リーダーシップと起業家精神"（LVMH日本語公式サイト https://www.lvmh.co.jp/ 2023年10月20日閲覧）

そうしたわけでLVMHは、ビバテクノロジーに初回以来、非常に積極的に参加している。フランスのこのスタートアップとオープンイノベーションの展示会の共同創設者、つまりファウンダーパートナー[14]なのである。

ビバテクノロジーでは、パートナーとなる大企業が主催する「チャレンジ」、いわゆるスタートアップコンテストによってスタートアップが出展参加できることはすでに述べたが、LVMHは2017年から、このビバテクノロジー内で「LVMHイノベーションアワード」というスタートアップコンテストを開催している[15]。

このイノベーションアワードでは、後にあげる6つのテーマを公開していて、このテーマにあったスタートアップを公募する。応募者のなかからファイナリストとして選ばれた、各テーマ3社のスタートアップ（合計18社）がビバテクノロジー会場のLVMHブース内に出展し、さらに展示会期間内に、そのなかから1社がイノベーションアワード大賞に選ばれる。

2022年は世界75カ国から950社、そして2023年は1,320社のスタートアップからの応募があったという。すでに2017年以来、このLVMHイノベーションアワードにトータルで5,000以上の

---

14 ビバテクノロジーのファウンダーパートナーは5社で、LVMH、La Poste、Orange、BNP Paribas、Googleである（"2023 Partners" ビバテクノロジー公式サイト2023年10月20日閲覧）。

15 "Save Your Wardrobeがビバ・テクノロジーで2023 LVMHイノベーションアワードの大賞を受賞"（LVMH日本語公式サイト https://www.lvmh.co.jp/ 2023年6月15日）

応募があり、そのなかでファイナリストを含めた約220社のスタートアップがLVMHに選ばれ、協業を始めているという。

　ちなみにこのイノベーションアワードのファイナリスト、さらに大賞受賞のスタートアップへは「賞金」が出るわけではない。このアワード参加の利点は、まずはスタートアップにとっての知名度があがること。LVMHに選ばれたという箔がつくこと。そしてビバテクノロジーのLVMHブースに出展でき、授賞式に参加できること。さらに一番重要なのは、パリにある世界最大のスタートアップ・キャンパス「StationF」内のLVMHのスタートアップ・インキュベーション・センター「Maison des Startups」（メゾン・デ・スタートアップ）を１年間使用でき、かつLVMH内の各ブランドと協業できること、である。

　この場合の協業とは、LVMHがスタートアップの顧客となり、スタートアップのサービス、ソリューションを購入することで、スタートアップとしての収益を安定させ、企業としてさらに成長できるようにするというエコシステムである。

　LVMHイノベーションアワードの６つのテーマは、以下のとおりである。

1．社員体験／ダイバーシティ、インクルージョン

2．ブランド魅力構築のためのイメージとメディア

3．デジタル没入体験

4．オムニチャンネル&リテール

> 5．製造工程での卓越性
>
> 6．持続可能な開発&グリーンテック

　これらのテーマから、LVMHが幅広い意味での「イノベーション」の課題に注力していることがわかる。働き方やショッピングの楽しみ、ブランドイメージなどにどのようにデジタルを活用し、イノベーションを取り入れるかという、まさに日常生活でのイノベーションを、LVMHは重要視しているといえる。

　2023年6月に開催されたビバテクノロジーで、筆者はLVMHのCIO[16]から直接、話を伺う機会を得たが、LVMHがイノベーションを活用する理由として、

　「単純にEコマースやVRやARのためにデジタルを活用するのではなく、生産管理や顧客満足のためにもテクノロジーやイノベーションが必要」

とし、さらに、

　「LVMHグループCEOのベルナール・アルノー氏はもともとエンジニア出身なので、テクノロジーやイノベーションには造詣が深い。ただ、彼は「テクノロジーのためのテクノロジー」には興味がない。テクノロジーをよりよい生活、文化、価値を高めるために使いたい。まさにラグジュアリー産業であるLVMHにとってのテクノロジーの活用は、アルノー氏の理想

16　LVMHグループCIO、ITディレクターのFranck Le Moal氏に日本経済新聞社　上田敬氏とともにインタビューした。内容は筆者訳。

である」

と述べた。

テクノロジーやイノベーションに対するこのような独自の考え方をもったLVMHが選んだスタートアップとは、どのような企業なのだろうか。2022年、そして2023年にイノベーションアワード大賞に選ばれたスタートアップをみていこう。

2022年の大賞受賞スタートアップはロンドンに拠点をもち、シンガポール人女性によって起業されたTOSHIである[17]。

このTOSHIは、いわゆるラストワンマイルのラグジュアリー宅配サービスである。

近年のEコマースの顧客増加により、ラグジュアリーブランド製品も最終的に顧客に届けるのは宅配業者の役目になっている。そこで、よりクオリティの高い宅配業者サービスを提供するスタートアップが誕生したのである。

クオリティの高い宅配業者サービスとはどういったものだろうか。

アプリによって、時間指定や再配達リクエストが可能、そして宅配業者のサービスが徹底される（服装や礼儀など）という、実は日本人にとっては「普通」の宅配サービスなのである。

このTOSHIの大賞受賞は、日本人にとっての当たり前が世界ではイノベーションになる、という新たな気づきを生んだと

17 「LVMH、ビバテクノロジーで2022イノベーションアワードの受賞者、および総合優勝企業 TOSHI を発表」（LVMH 日本語公式サイト https://www.lvmh.co.jp/ 2022年 6 月16日）

2022年のアワード最優秀企業TOSHIの代表とベルナール・アルノー
LVMHグループCEO

出典：「LVMH、ビバテクノロジーで2022イノベーションアワードの受賞
　　　者、および総合優勝企業TOSHIを発表」（LVMH日本語公式サイト
　　　https://www.lvmh.co.jp/　2022年6月16日掲載）

もいえる。また、このようなサービスがイノベーションアワー
ドに値するというLVMHの価値観も、ぜひ理解していただき
たい。

　2023年の大賞受賞スタートアップは、Save Your Wardrobe[18]

18　Save Your Wardrobe公式サイト（https://www.saveyourwardrobe.
　com/）

2023年のアワード最優秀企業Save Your Wardrobeの代表と
ベルナール・アルノー LVMHグループCEO

出典：「Save Your Wardrobeがビバ・テクノロジーで2023 LVMHイノベー
　　　ションアワードの大賞を受賞」（LVMH日本語公式サイト https://
　　　www.lvmh.co.jp/ 2023年6月15日）

というロンドン発のスタートアップで、チュニジア出身の女性
が起業している。

　Save Your Wardrobeは、ワードローブのメンテナンスや、
修理、管理を行うデジタルプラットフォームを提供しており、

いわゆる服やバッグのお直しサービスをデジタルで管理し、自分の衣類やバックをより長く大切に使用することを促すテクノロジーである。

　古く、歴史のあるものにイノベーションを活用してより付加価値を高める、まさにLVMHらしい選択眼といえる。

　また、2023年のファイナリストには、持続可能な開発＆グ

ビバテクノロジーのLVMHブースに出展するWoola

出典：「LVMH が Viva Tech（ビバテック）2023 のゲストを乗せて、"Dream Box" と "LVMH Court" で夢の旅に出発」（LVMH日本語公式サイトhttps://www.lvmh.co.jp/ 2023年6月16日）

リーンテック部門の受賞スタートアップとして、Woola[19]も選ばれている。廃棄羊毛を使って、プラスチックの緩衝材のかわりとなるような梱包材を製造する、2020年に設立された企業である。

このWoolaについては、その展示をみた日本人参加者からは「これがイノベーション？　アナログな感じがするけれども」といった感想もあったが、この環境配慮の姿勢こそがLVMHの考えるイノベーションであり、すべてをデジタル化するだけがイノベーションではない、という気概を感じるのである。

フランスを、そして世界を代表するラグジュアリー企業であるLVMHが、実は起業家精神にあふれたイノベーション企業であり続け、現在は積極的にスタートアップと協業している。そしてそのイノベーションとは、一般的に考える「デジタル化」に限られているのではなく、環境に配慮する、ものを大切にする、人間らしく働く等、とても広い意味でのイノベーションなのである。

次章ではこの広義のイノベーションともいえるフランスの多彩なイノベーションについて、具体的にはフレンチテックのスタートアップが取り組むテーマは何か、そしてどのようなスタートアップがあるのかを紹介していく。

19　Woola公式サイト（https://www.woola.io/）

第 **3** 章

フランスの
多彩なイノベーション

1 フレンチテックのテーマは多彩

　前章では、フレンチテックでの大企業の取組みとして
LVMHの例をみてきた。LVMHが推すスタートアップの顔ぶ
れをみて、これが「イノベーション」なの？と疑問をもたれた
向きもあるだろう。

　そもそもフレンチテックが扱うテーマはとても幅広い。次の
9つが、フレンチテックのスタート当時の主要テーマである[1]。

1)　ヘルステック、バイオテック、メドテック

2)　IoT、マニュファクチャリング

3)　エドテック、エンターテインメント

4)　グリーンテック、モビリティ

5)　フィンテック

6)　セキュリティ、プライバシー

7)　リテールテック

8)　フードテック

9)　スポーツ

　このなかでも特に、IoT、バイオテック、メドテック、（シェ
アリングエコノミー等にかかわる）モビリティ[2]、そして1)から

1　土橋克寿「フランス政府が考える、スタートアップの成長を加速させ
る最適な枠組み」（Yahoo!ニュースエキスパート2017年1月2日公開
https://news.yahoo.co.jp/expert/articles/f47ca9f884635180120d677ee03ce
6ad0ec4cacc）

9) のどのテーマにも広範囲にかかわるAIが、フレンチテックを牽引したといえる。

　つまり、アメリカのスタートアップならばデジタルとIoT、イスラエルならばセキュリティとバイオテクノロジー、イギリスならばフィンテックといったように紋切り型でとらえられないのがフランスのイノベーション、そしてフレンチテックなのである。

　現在は毎年、フレンチテックNEXT40/120が発表されているが、これらのスタートアップのプロフィールも実に多彩である。2023年2月に選ばれたフレンチテックNEXT40/120のスタートアップを分類すると、図表3−1の17のテーマに分けられる。なお、フレンチテックNEXT40/120はトータルでスタートアップ約120社を意味する。

　この多彩なテーマからもわかるように、フレンチテックでは、スタートアップといえばすぐに思いつくロボテック、IoTやAIよりも、日常の身近なサービスに役立つスタートアップやイノベーションが充実している。

　2023年2月にフランス政府から発行された「フレンチテックNEXT40/120　2023年版資料」でも、以下のように述べられている。

2　シェアリングエコノミーのスタートアップとして顕著な例には、第1章でフランス初のユニコーンとして紹介したカーシェアリングのブラブラカーがあげられる。

図表3－1　フレンチテックNEXT40/120（2023年2月時点）のス
　　　　　タートアップのテーマ

テーマ	該当スタートアップ数 （計122社）
フィンテック・インシュアテック	19社
ヘルステック・バイオテック・メドテック	16社
リテールテック	13社
データ・AI・サイバー・クラウド	11社
HR（人材開発）	9社
グリーンテック	9社
エンタメ・カルチャー	8社
モビリティ	8社
フードテック・アグリテック	6社
マーケティング・アドテック	5社
エデュケーションテック	5社
エレクトロニクス・ロボテック	4社
不動産テック	3社
ハードウェア・IoT	2社
トラベルテック	2社
テレコム	1社
宇宙テック	1社

出典："Il existe 9 Réseaux Thématiques French Tech"（Réseau Théma-
　　　tique French Techサイト2023年11月9日）より筆者作成。9の
　　　テーマが17の細目に分けられている。

　　現在、フレンチテックNEXT40/120に選ばれたスター
　トアップは私たちフランスの毎日の生活に欠かせないも
　のになりつつある。たとえば、病院にいくときの予約は
　Doctolibでとり、中古品の服を購入するときはVestiaire

Collectiveのアプリを使い、ランチはSwileで支払う。カーシェアリングしたければBlaBlaCarをチェックし、キャンプにでかけるならばCamping.comで予約をする。スマホゲームならVoodooで遊ぶ……フランス国民は、欧州のみならず世界的にみてもスタートアップが提供するサービスを利用しているといえる。つまり、フランス国民の５人のうち３人（人口の約62％）が少なくとも月に１度はフレンチテックNEXT40/120のスタートアップのサービスを使用しているのである（筆者訳）[3]。

フランスの一般の人びとが日常的に当たり前に使用しているものが、実はフランスのスタートアップが開発したものである、という事実が、フレンチテックの成功を物語っているといえるだろう。

もちろん、フレンチテックのスタートアップが提供するサービスは、消費者向けだけではない。BtoBとして、企業のDX化に役立つソリューションも提供している。

たとえばSkelloは企業向けのスケジューラーを提供して、毎日20万人が利用しているし、求人サイトのGojobには150万人が登録している。そして、企業のサステナビリティ格付の評価会社でもあるEcovadisは、すでに世界175カ国に10万社の顧客がいる[4]。

3　"Promotion 2023 du Programme French Tech Next40/120"（フランス経済・財務省プレスキット2023年２月20日）13頁

スタートアップの目的は「課題解決」であると一般にいわれるが、フレンチテックNEXT40/120に選ばれたスタートアップをこのようにみてみると、BtoBであれBtoCであれ、日常的な便利さの追求や、企業の効率化など、身近な問題解決のためのスタートアップが多いと感じられる。

　一方、より規模の大きな課題解決型スタートアップも存在する。

　たとえばフードテック・スタートアップに分類されるYnsectは、いわゆる昆虫食の開発者として、自然採集の昆虫タンパク質を栄養価の高い食材へ転換する技術を開発している。将来の食糧問題解決のためのスタートアップである。

　またモビリティスタートアップであり、2023年にNEXT40に新加入したのがFlyng Whalesで、大型貨物を運ぶための環境に優しい新型飛行船を開発している。

　このように、日常生活における課題から世界規模の社会問題まで解決するスタートアップがフランスには存在し、それらが国をあげての応援を受けているのである。フランスでのイノベーションの守備範囲は相当、幅広い。

　このフレンチテックNEXT40/120に選ばれたスタートアップ以外にも、フランスには多くのスタートアップが存在し、スタートアップ以外の企業でも、それぞれがイノベーションを掲げている。

4　"Promotion 2023 du Programme French Tech Next40/120"（フランス経済・財務省プレスキット2023年2月20日）14頁

たとえば、フランスは食、観光のイメージが強いと巻頭で述べたが、この伝統的な食や観光でもイノベーションは起こっている。

食のイノベーションは昆虫食だけではない。たとえば発酵食品、フランスといえば名物のワインもチーズも発酵食品だが、この「発酵」というテーマでも、フランスはイノベーションに取り組んでいる。

2021年10月に発表された「France 2030」[5]は、2030年に向けてフランスが世界のテクノロジーリーダーになるために、特にイノベーションを推進する分野をあげたものである。脱炭素社会やグリーンエネルギー、電気自動車の開発等と並んで、「健康で持続可能でトレーサビリティが完備された食品開発」のテーマが掲げられ、そのなかで「未来の発酵」がビッグ・チャレンジとして選ばれた[6]。

発酵食品といえばフランスの伝統食でもあるが、それがこれからの健康や持続可能な社会のための重要なアクターであるとして、まさに食のイノベーションに位置づけられたのである。これは、同じく発酵食品文化（味噌、醤油、日本酒等）をもつ日本とも親和性が高いトピックスであり、この日仏の「発酵」を通じたコラボレーションとイノベーションについては第5章

5 「マクロン大統領、フランス2030計画を発表」（在日フランス大使館サイト2021年11月17日最終更新）
6 "Construire les transitions alimentaires avec France 2030 : lancement du Grand Défi «Ferments du futur»"（フランス農業・食糧省サイト2022年9月12日プレスリリース）

でも詳しく述べたい。

　そして観光についても、フランスでは古くから医療、健康のために親しまれてきた温泉も新たなイノベーションを遂げている。歴史あるフランスの温泉も1990年代に入り、温泉地での温泉療法は高齢者かアスリートの疲労回復のみに利用されるだけになっていた。さらにフランスでの温泉療法の健康保険適用廃止の危機もあり、より科学的な温泉療法効果の研究を推進するために、2002年にはこれまで3つあった温泉関連団体がフランス温泉療法施設評議会（CNETh）に統合され、さらに2004年にはフランス温泉療法研究協会（AFRETH）が設立され、多くの研究結果（軽度の鬱病を対象とした温泉療法など）が発表された。つまりフランスの温泉は、科学的根拠に基づく温泉療法の画期的なイノベーションを成功させ、伝統的な温泉地をもつ地方都市がいまやウェルネス・ツーリズムの拠点として再生している。

　たとえば、2021年7月に「ヨーロッパ温泉保養都市群」としてユネスコの文化遺産に登録されたフランスのヴィシーは、日本との温泉文化の交流として「ヴィシー・ジャポン日仏温泉円卓会議」を開催しているし、2024年のパリ五輪後には、パリ近郊のアンギャンレバン市の温泉施設を日本式の温泉施設にリニューアルするという話題もある[7]。つまり歴史的な観光施設で

7　ジュアンド康子「フランスにおける温泉医療改革」（『最新温泉医学』p.362〜365、2023年12月1日、一般社団法人日本温泉気候物理医学会刊行）

あったフランスの温泉が、現代にあった科学的な根拠や、そして日本文化との融合というイノベーションを経て、いままさにウェルネス・ツーリズムや、ウェルビーイングとして再注目されている。

このようにフランスのウェルネス・ツーリズムではストレスを解消し、リフレッシュして人間性を取り戻すこともイノベーションの１つととらえており、それによってさらによりよいアイデアが生まれ、新たに意義のあるイノベーションが生まれると考えられている。

新しい技術を使って課題解決をするのももちろんイノベーションだが、フランス流のイノベーションとはやはり、前章で述べた「デジタル化するだけがイノベーションではない」というLVMHの考え方のように、発酵や温泉等の伝統産業もイノベーションの源泉であり、未来に向けて進んでいくすべてがイノベーションでつながっているという考え方のようである。

次節ではこのようなフランスの多彩なイノベーション、そしてスタートアップの事例を具体的に知っていただくために、すでに日本に進出しているフランスのスタートアップを紹介する。

（林　薫子）

2 日本で活躍する フレンチテックのスタートアップ

　フレンチテックのスタートアップは世界展開を急いでいる。本節では、日本に進出しているユニコーン（時価総額10億ドル以上の大型スタートアップ）を紹介する。なお、本節は筆者の直接の取材に基づき、文中出典のない数字等は各社の許諾を得た提供による。

2023年10月開催CEATECにおけるフレンチテックブース

出典：筆者撮影

(1) エコの時代、サーキュラーエコノミーの波に乗る

バックマーケット：スマートフォンやパソコンを再生・販売

2023年10月、日本最大級のテックイベント「CEATEC」（幕張メッセ＝千葉市）の会場の一角にフレンチテックのスタートアップ11社が出展した。赤い鶏の旗印が目を引くなか、バックマーケット（Back Market）のブースもにぎわっていた。

バックマーケットは、中古のスマートフォンやノートパソコン、タブレットなどの中古品を再生して市場に提供するプラットフォームを運営する企業だ。CEATECの来場者の多くがIT（情報技術）に関心をもつため、ブースのにぎわいも納得できる。

バックマーケットの商品は「リファービッシュ（refurbish）品」と呼ばれ、機器の廃棄を減らすだけでなく、新たに製品をつくるための地下資源の消費を削減することにもつながり、地球環境に優しいビジネスモデルと評価されている。「リファービッシュ品」は、価格もかなり割安になるため、多くの消費者に受け入れられている。日本での取扱いが多いiPhone（アイフォーン）などのアップル製品の新品は、円安もあってかなり高額になっているため、リファービッシュ品への関心は高まっている。

バックマーケット社はあくまで、プラットフォーム企業であり、買い手と売り手をつなぐ立ち位置だ。実際に再生を手がけ

Back Market Japan株式会社サイト

出典：同社サイトのスクリーンショット

るのは、バックマーケット社が、厳格な審査を通じて選んだ優秀なリファービッシュ業者だ。バックマーケット社はそうした企業群を束ね、販売を担い、1カ月の返品保証や1年の動作保証などを提供する。在庫のなかから品質のよいものを推薦するアルゴリズムももつ。また、スマートフォンやタブレットを再生するプロセスに必要な高度なテクノロジーの研究開発にも取り組み、その手法を各社に伝授することで、リファービッシュ品の品質と性能を向上させている。

　2022年8月、フランス環境エネルギー管理庁はリファービッシュの電子機器が新品よりも環境負荷が低いことを示す初の報告書[8]を発表した[9]。アメリカの非営利団体B Labは、バックマーケットの取組みを評価し、環境や社会に配慮した公益性の

高い企業に与えられる国際認証制度「B Corp（B Corporation）」の認証を与えた[10]。追い風は吹いている。

　バックマーケットは、2014年の設立。累計で8億8,500万ユーロを調達し、現在の時価総額はゆうに10億ドルを超える、いわゆるユニコーン企業だ。欧州各国や日米韓など18カ国で事業を展開し、連携する再生業者は170社以上、累計の顧客数は1,000万人を超えるという。会社設立以来、100万トンの二酸化炭素削減に貢献したともいう。Back Market Japan株式会社の設立は2020年11月。2023年の売上げは前年の3〜4倍に伸びているという。

　同社によると、2021年、リファービッシュ製品の市場規模は800億ユーロ規模であり、リファービッシュ可能な電化製品の市場規模は1兆ユーロを超えるという。バックマーケット社の共同創業者で最高経営責任者（CEO）のThibaud Hug de Larauze（ティボー・ユグ・ド・ラローズ）氏は「取扱製品の幅を広げ、循環型社会の実現を目指す」と意気込んでいる。

8　"Assessment of the environmental impact of a set of refurbished products"（フランス環境エネルギー管理庁報告書2022年9月公表）

9　"Some proof that refurbished electronics reduce the negative impact of tech on the planet"（バックマーケット公式サイト2023年11月9日閲覧　https://www.backmarket.co.uk/en-gb/c/iphone/refurb ished-smartphones）

10　「正式にB Corp認証を取得しました」（Back Market Japan株式会社公式サイト2023年11月9日閲覧　https://www.backmarket.co.jp/ja-jp/c/news/bc orp-status）

⑵ 「オンラインマーケットプラットフォームの
　民主化」を標榜

**Mirakl（ミラクル）：ECの第3の選択肢としてアマゾン寡占に
挑む**

　Mirakl（ミラクル）は、各社のECサイトをAmazon（アマゾ
ン）のように第三者へ開放するマーケットプレイス機能を提供
している。これにより、圧倒的な商品数の増加と利便性の向上
が実現されるという。

　世界のECでは、アマゾンに代表されるマーケットプレイス
が席巻し、国や地域により多少の違いがあるものの寡占状態に
ある。Miraklは、個別企業にマーケットプレイスを構築するた
めのテクノロジーとカスタマーサクセスサービスをSaaS型で
提供し、こうした状況に一石を投じる存在だ。

　自社商品の販売でネット通販の実績がある百貨店などの小売
企業がMiraklの仕組みを導入すると、自社のEC事業を拡張し、
第三者の商品やサービスの取扱いを拡大することが可能にな
る。自社の価値観にあった商品を在庫リスクもなく取り扱うこ
とができ、新たな売上げを創出することができる。

　Miraklの収益は、サービス導入企業がMiraklのプラットフ
ォームを通じて売り上げた収入の一部を受け取ることで計上さ
れる仕組みだ。また、初期導入費用や月額使用料、カスタマー
サクセスサービスとの組合せで、顧客のニーズにあわせて柔軟
な料金体系をとっている。

Miraklを導入した北米家電量販店大手Best Buy Canadaのマーケットプレイス[11]

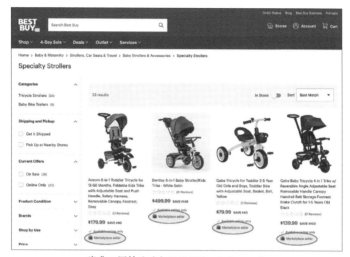

出典：同社サイトのスクリーンショット

　創業は2012年。マーケットの需要をつかみ、現在までに、フランスのスーパーマーケット、カルフールやアメリカの百貨店、メーシーズなどの小売業、コカ・コーラなど、世界350社以上で採用されている。メーシーズなどは自社のテイストや品質基準に見合った商品の品揃えを増やし、コカ・コーラは飲食店向けにカトラリーやナプキンなどをワンストップで購入できるサービスを提供し、収益を拡大している。2022年のMirakl採

11 "Best Buy Canada creates a platform for growth with a Market place powered by Mirakl"（ミラクル社公式サイト2023年11月13日閲覧 https://www.mirakl.com/resources/case-study/multichannel-retailer）

用企業のマーケットプレイスを通じた流通総額は前年比43%の増収を達成している。

資金調達も順調だ。採用企業数の拡大と売上高の伸びと歩調をあわせるように、時価総額も35億ドル（5,250億円）超の規模になっている。

日本に進出したのは2022年。海外SaaSベンダーの日本進出を支援するジャパン・クラウド・コンピューティングとの合併で日本法人を設立した。日本法人の代表にはSAPジャパンや日本マイクロソフトで要職を務めた佐藤恭平氏を据えた。日本のEC事情に精通した経験者でチームを固め、プラットフォーム型ビジネスモデルの実現と企業の成長戦略の具現化を提案している。進出後早々、日本最大級のフラッシュセールサイト「GLADD」に導入が決まった。

「ECにおけるプラットフォーム・エコノミー」。Mirakl共同創業者でCEOのAdrien Nussenbaum（エイドリアン・ヌッセンバウム）氏は自社のパーパス（存在意義）についてこう語っている。Miraklは日本のEC市場にも革命を起こし、消費者や企業の購買部門に新たな体験を提供するだろう。

(3) なぜ購入しないのか

コンテンツスクエア：「顧客体験分析クラウド」で分析

コンテンツスクエア（Contentsquare）は、デジタル上の顧客接点であるウェブサイトやモバイルアプリの顧客体験（CX：Customer Experience）分析を手がけるフランスのスタートアッ

プ企業で、2012年に設立された[12]。企業がデジタル接点での
CXを改善し、収益を増やすための施策を支援する。

　仕組みはこうだ。コンテンツスクエアを導入した企業のデジ
タル接点において、来訪者がマウスや指を使ってウェブのペー
ジ間やアプリの画面間を行き来したり、1つのページや画面の
なかであれこれと操作する行動を、匿名化されたデータとして
詳細かつ大規模に収集する。それを人工知能（AI）搭載のクラ
ウド基盤上で分析し、企業にとって収益機会の損失につながっ
ているCXを見つけ出して、改善に向けた示唆（インサイト）を
提示する。企業はそのインサイトに基づいてウェブ／アプリの
デザインやコンテンツ、メッセージなどを最適化することで、
売上げや申込み、予約などを効率的に増やすことが可能にな
る。

　特徴的な機能が「セッションリプレイ」と呼ぶもので、前述
のデータをもとに、来訪者がどのようにウェブやアプリを操作
したかを、あたかもビデオで撮影したかのように再現動画で確
認できる[13]。「顧客が何にひかれて購入に至ったのか」や、逆
に「どのような体験をした結果、購入せずに離脱してしまった
のか」を企業は文字どおり目でみて確認でき、適切な改善を実
施できる。

12　「外資系企業動向─オンライン顧客体験分析企業Contentsquare SAS
　　が東京に日本法人を設立」（ジェトロサイト2022年9月7日）
13　「セッションリプレイ」（コンテンツスクエア・ジャパン合同会社公
　　式サイト2023年11月9日閲覧　https://contentsquare.com/jp-jp/produ
　　ct/capabilities/）

コンテンツスクエアの「セッションリプレイ」機能

出典：コンテンツスクエア・ジャパン提供

　こうした機能の効果が評価され、現在、ベライゾンやザ・ノース・フェイスなど世界で1,300社以上の顧客企業を抱える。そうした企業のデジタル顧客接点から収集するデータ点数は毎月15兆件に達するという。

　資金調達も活発だ。2022年には、シリーズFの成長投資ラウンドで6億ドルを調達した。投資会社のSixth Street Partnersが主導し、フランスのBpifrance、Eurazeo、イギリスのHighland Europe、日本のソフトバンク・ビジョン・ファンド2、アメリカのBlackRock、Kohlberg Kravis Robertsなどが加わった[14]。

　多額の資金調達を背景に、地域展開や買収による事業成長も加速する。日本市場に進出するため、2022年4月、東京にコンテンツスクエア・ジャパン合同会社を設立した。セールスフ

ォース・ジャパン元執行役員の伊奈憲一郎氏がカントリーマ
ネージャーに就任した。日本では現在、カシオ計算機、ジェー
シービー、日立製作所、三井住友カード、楽天グループなどの
有力な大企業30社以上が利用している。買収については、分析
ツール市場で近接する製品分野の1つ「プロダクトアナリティ
クス」の大手であるアメリカのHeapの買収完了を2023年12月
に発表している。

　次節では、日本市場・世界市場には（まだ）知られていない
が、フランスではすでに国民の日常生活に根差しているスター
トアップのうち2社を紹介する。

（上田　敬）

3　フランスで注目される スタートアップ

　これから紹介する2社は、それぞれ異なるサクセスストー
リーをもち、フランス国内では大変知名度が高く、日常的に使
用頻度の高いサービスを提供するスタートアップである。残念
ながら、まだ日本市場には進出していない。今回フランスでの

14　「ContentsquareがSixth Street Partnersの主導で6億ドルのシリーズ
　　Fを資金調達」（コンテンツスクエア・ジャパン合同会社公式サイト
　　2022年7月21日発表、同年12月23日更新　https://contentsquare.com/
　　jp-jp/blog/series-f-funding/）

成功例を紹介し、日本のスタートアップや大企業、金融機関へのヒントになれば幸いである。

(1)　ドクトリブ（Doctolib）

受話器からは自動音声が流れる。「○○の方は1を押してください」「XXの場合は2を押して……」。そしてそこから延々と流れ続ける音楽。待ち続けた挙げ句の果てに、一番早い予約日は半年後。

フランスでは長年、医者や医療専門家の予約に悩まされる患者が多くいた。また、医師の側でも、秘書を雇ってスケジュールや医療情報、検査結果の管理をしていたのだが、ミスや予約忘れによって患者が現れないことは日常茶飯事だった。

こうした課題を解決しようと2013年、Stanislas Niox-Chateau（スタニスラス・ニオックス・シャトー）、Ivan Schneider（イヴァン・シュナイダー）、Jessy Bernal（ジェシィ・ベルナル）の3人は、患者が必要に応じた医療専門家を簡単に見つけることができ、さらにスムーズに予約もできるオンラインプラットフォーム、ドクトリブ（Doctolib）[15]を立ち上げた。

ドクトリブでは患者は、専門医、病院の場所、空き状況に基づいて医師や病院の検索ができる。そしてオンラインで予約をし、SMSやメールでリマインダーが受け取れる。さらに処方箋や検査結果などもプラットフォーム上で確認ができるように

15　ドクトリブ公式サイト（https://www.doctolib.fr/）

ドクトリブの歯医者の予約画面

出典：筆者提供

なっている。

　一方、医療専門家に対しては、予約のマネジメントや電子カルテの管理を提供し、コロナ禍ではテレメディシン（遠隔診療）も可能になるなど、重要な役割を果たすようになった。

　活況を呈するオンライン診療予約市場に後発で参入したドクトリブだったが、わずか数年の間に、既存の類似企業や、競合を追い抜いてしまった。

　そんなドクトリブの成功の秘訣とは何か。

　それは、補完的なマネジメントチームや、直感的で使いやすいプラットフォームはもちろんだが、何よりも、24時間365日オンラインで予約が可能なシステムが、患者にとっての使いやすさを大きく変革したのだ。

　その一方で、医師たちを大切にすることも忘れなかった。ドクトリブが競合他社を凌駕しているとすれば、それは医師に焦点を当てた顧客戦略のおかげでもあるのだ。

　もちろん、医療関係者にこれまでの予約方式や運営のシステムを変えるよう説得するのは並大抵のことではなかった。しかし、ドクトリブのサービスは予約できる医師や医療機関の数に大きく依存するため、この難関を突破しないわけにはいかなかった。さらに、患者の側は登録料が無料なのだが、登録した医師たちが月額を支払うというビジネスモデルだったのも、医師たちに焦点を当てる大きな理由の１つだった。

　そのため、ドクトリブは広告に投資するよりも、営業スタッフの採用に力を注いだ。医師たちを説得し、最大限のサポート

を惜しまず提供した。新しく参画してきた医療関係者に対して、プラットフォームの使い方を丁寧に教えた。ただ単にソフトウェアを売るのではなく、医師や医療関係者の仕事の改善の手助けをするというスタンスを貫いたのだ。

2022年3月、ドクトリブは5億ユーロの調達に成功。フランスにおいて、市場評価額最高額のユニコーン企業となった[16]。

さらに2023年、ドクトリブは、フランスで公表した900社以上のミッション型企業に参加した。このラベルにより、ドクトリブは医療チームと患者の日常生活を改善するという目標を掲げ、イノベーティブな関連技術へ9,200万ユーロを投資し、その使命を果たすことを目指している[17]。

現在、ドクトリブに登録している医療従事者の数は34万人に達し、フランスをはじめ、ドイツ、イタリアなど8,000万人の患者に利用されるまでに成長した[18]。

16 Sylvain Rolland "Doctolib lève 500 millions d'euros pour recruter 3.500 personnes en cinq ans"（La Tribune 2022年3月15日　https://www.latribune.fr/technos-medias/innovation-et-start-up/doctolib-leve-500-millions-d-euros-pour-recruter-3-500-personnes-en-cinq-ans-906202.html）

17 "En 2023, Doctolib devient "entreprise à mission" et investit 92 millions d'euros dans l'innovation"（ドクトリブ公式サイト2023年1月30日　https://about.doctolib.fr/news/en-2023-doctolib-devient-entreprise-a-mission-et-investit-92-millions-deuros-dans-linnovation/）

18 "Doctolib annonce son lancement en Italie et propose désormais ses services à 210 millions d'Européens."（ドクトリブ公式サイト2021年10月14日　https://about.doctolib.fr/news/doctolib-annonce-son-lancement-en-italie-et-propose-desormais-ses-services-a-210-millions-deuropeens/）

(2) ユカ（Yuka）

スーパーマーケットに行くと、小さい子供がお母さんの携帯を手にとり、「Yukaでチェック」といいながら、慣れたしぐさで商品のバーコードをスキャンした……。

ユカ（Yuka）[19]は、フランス発祥のモバイルアプリだ。食品や化粧品のバーコードをスキャンすると、栄養成分や健康への影響などの詳細な情報と、その製品の総合評価が表示される仕組みだ。ユカは2017年にJulie Chapon（ジュリー・シャポン）、Benoît Martin（ブノワ・マルタン）、François Martin（フランソワ・マルタン）によって創立され、瞬く間に消費者にとって重要な、食品、化粧品選択の支援ツールとして人気を集めた。

ユカの使命は、食品や化粧品などの商品の透明性を高め、理解を深めることだ。このアプリは、消費者自身が自分たちの食べ物や化粧品の理解を深めるように促すと同時に、食品企業、化粧品関連のメーカーに対しても製品の安全性の向上を促すことを目指している。

ユカは、ただ情報を表示するだけでなく、より健康的な代替品を提案する。たとえば、スキャンした製品が総合評価の低いものだった場合、より栄養価が高く、より健康によい類似品を提案してくれるのだ。また、アプリの公平性を保つため、広告はいっさい受け付けないというポリシーを貫いている。

---

19 ユカ公式サイト（https://Yuka.io/en/）

ユカの製品の成分表字画面

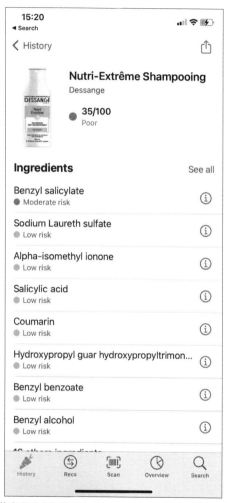

注：これは筆者が過去に検索したシャンプーの履歴で総合評価は100点中
　　35点の製品である。
出典：筆者提供

ユカのレコメンデーション画面

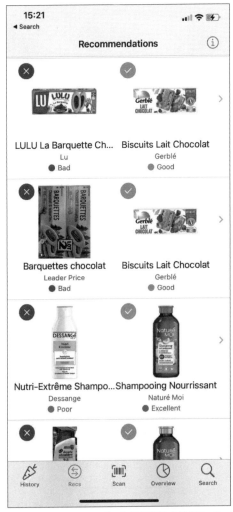

注：クッキーやシャンプーなど代替品を提案している。
出典：筆者提供

また、ユニコーン企業を目指すのではなく、消費者が健康のためによりよい選択をする手助けをすること、そしてメーカーがよりよい製品を提供するよう働きかけるテコの役割を担うことを目指している。アプリの独立性を重要視し[20]、会社の収入源を自社サイトで公開するほどだ。

　そんなユカの主な収入源は以下のとおりである。

1）　プレミアム・バージョンのサブスクリプション

　ここでは検索バーやオフラインモードに加えて、パーム油、グルテン、ラクトースの存在を知らせるパーソナライズされたアラートの機能などが追加されている。売上げの45％近くを占めるプレミアム・バージョンは、ユカにとってプロジェクトの独立性を維持する重要な役割を担っている。

2）　書籍の出版

　「Le Guide de l'alimentation saine（健康的な食生活の手引き）」というタイトルの253ページの本は、健康的な食生活を送るための基本的な点について、シンプルかつ楽しくまとめられている。

3）　旬の果物や野菜をあしらったカレンダーの販売

　かわいらしいデザインのカレンダーは、キッチンの壁に掛けることも、棚の上に置くこともできる。もちろん制作に関しては環境の観点などから責任のある生産を意識している。さら

20　"Independence — How the independence of the project is guaranteed"（ユカ英語公式サイト2023年11月9日閲覧　https://help.yuka.io/l/en/category/jhe0jvxg1g-independence）

に、売上げの１％は地球保護に取り組む団体に寄付される。

　ユカはまた、製品の環境への影響を示す「エコスコア」の民主化にも貢献した。このアプリのおかげで、多くの消費者が食習慣を変えることができたが、何よりも多くのメーカーが製品の成分構成を変えざるをえなくなり、より健康的な製品の開発を促す結果につながった。

　3,000万人のユーザーを基盤とする欧州での大きな成功をバネに、ユカは現在、アメリカの食習慣を改善するべく、アメリカでの成功を目指している。

　なお、2018年には、Kima Ventures, Investir &+, Founders Futureなどの投資会社による80万ユーロの資金調達を実施した[21]。

（今井　公子）

21　"Yuka : levée de fonds de 0,80 millions d'euros"（Societe.Tech 2023年11月９日閲覧　https://www.societe.tech/actu/Yuka-levee-de-fonds-de-0-80-millions-deuros／）

第 4 章

日本のスタートアップのいま

※本章は筆者の直接の取材に基づく

1 日本のスタートアップの歩み
——J-Startupの創立を中心に

(1) 日本のスタートアップの現状

　日本のスタートアップはいま、歴史上最高の環境にいるといってよい。

　スタートアップ企業としての成功の目安である時価総額（10億ドル）を超える、いわゆる「ユニコーン」[1]は、時価総額3,500億円規模とされるAI（人工知能）関連スタートアップのプリファード・ネットワークスを筆頭に、2023年11月現在、日本に6社ほど存在するといわれる。

　それを支えるのは、過去最高水準にある日本のベンチャーキャピタル（VC）投資だ。2022年度のVC投資金額は3,274億円で、前年度比4.2％減ったが、高水準が続いている[2]。ベンチャーキャピタルだけでなく、大企業や金融機関などもベンチャー投資に熱心に取り組んでいるためだ。

　スタートアップを支援するプレイヤーも増えている。01Booster（ゼロワンブースター）やeiicon（エイコン）などの国

1　企業評価額のほかに、設立から10年以内、未上場、テック企業であることがユニコーン企業の条件である。
2　『ベンチャー白書2023／ベンチャービジネスに関する年次報告』（2023年12月15日刊行　一般財団法人ベンチャーエンタープライズセンター）

内勢に加え、Plug and Play（プラグアンドプレイ）やCIC（Cambridge Innovation Center）など、シリコンバレーやボストンエリアを本拠地とするアメリカの支援企業も参入している。それらを束ねるスタートアップエコシステム協会も発足した。

　欧州各国の在東京大使館も熱心だ。フランスやルクセンブルク、フィンランド、スイス、オーストリア、イタリアなどが自国のスタートアップを日本に送り込んだり、日本のスタートアップを支援したりしている。

　スタートアップを支援するイノベーション施設やインキュベーション施設も多数開設されている。東京都が企画するASAC（青山スタートアップ・アクセラレーション・センター）やNEXsTokyo（ネックストーキョー）などがあげられる。民間ベースでも、デジタルガレージのOpen Network Labや、東急などのSHIBUYA QWS（渋谷キューズ）、三菱地所が主導するTMIP（Tokyo Marunouchi Innovation Platform）、三井不動産のLINK-J（ライフサイエンス・イノベーション・ネットワーク・ジャパン）などがあげられる。スタートアップに、メンタリングや投資家とのネットワーキングの機会も提供している。

　イベントやカンファレンスも充実してきている。IVSやB Dash Camp、ICCなどが有力イベントとして知られる。近年始まったFUSE（フォースタートアップス、CIC Tokyo共催）と東京都などが主催するSusHi Tech Tokyo（旧City-Tech.Tokyo）はそれぞれ、有力なフランス企業であるLVMHを講演者に迎えたり、パリのオープンイノベーションイベント「ビバテクノ

ロジー」と連携したりするなど、フレンチテックに近しい。

　企業や自治体が主催するアクセラレータープログラムも多い。スタートアップ企業に実証実験の場を提供することで、事業拡大のきっかけになる場合もある。電動キックボードはその一例だ。不動産会社などが提供する限られたエリアでサービス提供し、実績をあげてから、官庁との交渉を重ねて、公道での利用解禁に進んだ。

　大学の研究成果からスタートアップを生み出すため、各大学にイノベーションやスタートアップを促進する部署ができつつある。学生の起業を促すため、起業教育の講座は増え、起業部（サークル）の活動も多くの大学に広がり始めている。

　このように、スタートアップを取り巻く環境は、きわめて良好である。

　アメリカの調査会社スタートアップ・ゲノムがまとめるスタートアップ・エコシステムを評価するランキングでは、2020年に初めて東京がランクインしたが、順位は15位。2023年も15位だった。

　ただ、国際比較では、まだまだだ。ユニコーン数も日本の経済規模に見合わず、アメリカや中国などに比べて著しく少なく、出遅れている。ベンチャー投資額も中国より1桁、アメリカより2桁少ないことは、忘れてはならない。

　そうした現状を打開するため、個別のスタートアップ企業を支援する「J-Startup」を2018年から開始し、2022年には「スタートアップ育成5か年計画」を始めるなど、政府主導で行政

からの手厚い支援がさらに積み増しされている。

⑵　J-Startup前夜、ラスベガスの落胆

　総じて日本のスタートアップ・エコシステムは成長途中であり、国内外からの注目度も上昇している。政府や企業の支援策も拡充されており、今後のさらなる発展が期待されている。

　2018年1月、ラスベガスで開催された世界最大級のテクノロジーイベント、CESのスタートアップ展示コーナー「Eureka Park」（エウレカパーク）。日本のスタートアップの出展はごくわずかにとどまり、存在感を出せないでいた。フレンチテック

J-Startupロゴマーク

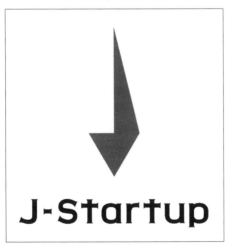

出典：「J-Startupロゴマークが決定しました」（J-Startup公式サイト2018
　　年7月2日ニュース　http://www.j-start up.go.jp/news/news_
　　180702.html）

が前年に続いて大量出展し、赤い鶏のマークが会場を席巻していたのと落差はあまりに大きかった。筆者は当時の状況を目の当たりにして、おおいに落胆した記憶がある。政府関係者もその前年頃から、同様の認識を得ており、スタートアップ支援政策の必要性を感じていたという。そして、スタートアップ支援策の旗印として始まったのが、「J-Startup」である。

こうしたことから、日本のスタートアップ支援が本格始動するにあたっては、国内事情もあったが、フレンチテックの存在が、あたかも「黒船」のように大きく影響を与えたといわれる。実際、「J-Startup」発足の前年くらいから、中央官庁や地方自治体、また民間シンクタンク等が、フレンチテックの視察・調査のためフランスを訪れていた。

(3) J-Startup "ローンチ"（発進）

J-Startupは、日本のスタートアップ企業を国際的に推進し、革新的な技術やビジネスモデルで世界に新しい価値を提供する目的で設立されたプログラムである。このプログラムは2018年6月に開始された。世耕弘成経済産業大臣（当時）は、J-Startupのローンチセレモニーでオープニングスピーチを行い、選定された92社を紹介しつつ、J-Startupの目的と意義について説明した。このとき世耕大臣の口から飛び出したのが、「優秀なスタートアップを『えこひいき』してでも支援して大きく育てる」という、当時物議を醸した「えこひいき」発言である。

このセレモニーは、完成間もない虎ノ門ヒルズで開催され、世耕大臣のスピーチの後には、選定企業と大臣とのパネルディスカッションや支援策の説明、J-Startupロゴマークの投票などが行われた。また、フランス大使やインド大使も挨拶した。

　J-Startupに選ばれたスタートアップへの支援の中核は、海外イベントへの出展支援。第1弾は、2019年のCESへの「ジャパンパビリオン」としての出展だった。これにはJ-Startup選定の6社をはじめ22社が日本から参加した。上記の「エウレカパーク」にまとまったスペースを確保して、存在感を示すことに成功した。

　その後、アメリカ・テキサス州オースティンのSXSW、スペイン・バルセロナのMWC併設の4YFN、ドバイのGITEX（ジャイテックス）など、多くのグローバル・テックイベントに団体で出展した。

　海外出展以外にも、ベンチャーキャピタリストやアクセラレーター、大企業、政府機関との連携を強化し、J-Startupに選定されたスタートアップ企業に対して、さまざまな支援を提供している。

⑷　日本のスタートアップの歴史

　ここで、日本におけるスタートアップの歴史を振り返ってみたい。スタートアップ（当時はベンチャーと呼ばれていた）の歴史は、いくつかの重要な時期に分けることができる。以下に、第一次ベンチャーブームから現在までの主要な時期と出来事を

簡潔にまとめる。

第一次ベンチャーブーム（1970年代）

この時期は日本の高度経済成長期の真っ只中にあり、1960年代の池田勇人内閣による国民所得倍増計画や田中角栄首相による日本列島改造論の提唱など、経済成長のエンジンとなるような政策が推進されていた。一方で、研究開発型のハイテクベンチャー企業が誕生し、キーエンスやニデックなどの企業がハイテク技術を武器として登場した。従来の中小企業とは別の知識集約型で成長志向の高い企業を「ベンチャー企業」と命名した。

第二次ベンチャーブーム（1980年代前半）

製造業中心の産業構造から流通・サービス業が拡大した。人材派遣のパソナグループや旅行業のエイチ・アイ・エスなどが成長した時期に当たる。

第三次ベンチャーブーム（約1995年頃～）

世界的にネットバブルと称された時期であり、多くのインターネット関連ベンチャーが日本でも生まれた。楽天やサイバーエージェントが創業したのがこの頃だ。先行していたソフトバンク（現・ソフトバンクグループ）が投資先のヤフーやアリババの成長を背景に、業容拡大した時期でもある。民間のベンチャーキャピタルファンドの設立が増加し、東証マザーズ（1999年）や大証ナスダックジャパン（2000年）がスタートした。ベンチャー企業が上場しやすくなり、年間200社超が上場した年もあった。

第四次ベンチャーブーム（約2014年頃〜現在）

　リーマンショック後の世界的な景気後退などを背景にした経済対策「日本再興戦略」による政策支援、大企業のベンチャー投資部門であるCVC（Corporate Venture Capital）の活動やオープンイノベーションの活動が活発になってきた。この頃から、ベンチャーにかわって、スタートアップという言葉が使われるようになった。また、日本の産業界の１つの構成要素として、定着してきたとの見方も広がっており、「ベンチャーブーム」と呼ばない考え方もある。

　大企業によるオープンイノベーションについては、イノベーションリーダーズサミット実行委員会（運営：株式会社プロジェクトニッポン）が経済産業省と共同で、オープンイノベーションに積極的に取り組む大企業の人気ランキング調査「イノベーティブ大企業ランキング」の2023年度版を発表している。上位10社は下記のとおりである。なかでも、１位のKDDIは６年連続で首位となった。

　１．KDDI

　２．トヨタ自動車

　３．ソニー／ソニーグループ

　４．ソフトバンク／ソフトバンクグループ

　５．JR東日本（東日本旅客鉄道）

　６．凸版印刷

　７．東急

8．NTTドコモ

　9．パナソニック

10．三井不動産

出典：イノベーティブ大企業ランキング2023（https://ils.
　　　tokyo/news/202307_01.php）

「スタートアップ育成5か年計画」始動──フレンチテックを追え

(1)　スタートアップ・エコシステムの台頭

　これまでの日本のスタートアップの成長の歴史は、どちらか
というと、個別のベンチャー、スタートアップの自助努力によ
る成長が中心だった。

　近年、新たに充実してきたのが、スタートアップ・エコシス
テムだ。スタートアップだけでなく、投資するエンジェル投資
家やベンチャーキャピタル、支援する弁護士や監査法人、大
学、行政、はたまた同業他社まで、ステークホルダー（関係
者）が一体となって、スタートアップの成長を支援しようとい
う考え方だ。

　アメリカのシリコンバレーには自然発生的にそのようなエコ
システムが整ってきたとされる。日本のエコシステム形成は、

もちろん、経済環境、政策、および市場の動向に影響を受けながら進化してきた。さらに政府や行政、民間プレーヤーによる意図的な活動もある。そのお手本の1つがフレンチテックであったともいわれる。

⑵　スタートアップ支援政策の発展──岸田政権「スタートアップ育成5か年計画」

スタートアップ支援はここ数年、歴代内閣の政策テーマの1つであったが、岸田文雄政権に至って、急ピッチに進んでいる。いわゆる「スタートアップ育成5か年計画」である。

岸田首相は、2021年10月の就任当日に出演したテレビ番組などで、早々にスタートアップを重視する方針を表明した。「スタートアップ創出元年」と繰り返し、外遊先のスピーチにも織り交ぜる。

2022年1月の年頭記者会見では、「戦後の創業期に次ぐ日本の第2創業期を実現するため、本年をスタートアップ創出元年として、「スタートアップ育成5か年計画」を設定し、スタートアップ創出に強力に取り組む」と表明した。岸田首相が掲げる「新しい資本主義」の実現に向けた政策の柱として示された。

2022年2月10日、岸田首相は、スタートアップや上場ベンチャーの経営者と「スタートアップ企業との車座対話」を実施して、意見交換した。会場は、いまや日本を代表するイノベーション施設となった「CIC Tokyo」。虎ノ門ヒルズ内に6,000平方

「スタートアップ企業との車座対話」にて（2022年2月10日）

出典：CIC Tokyo提供

メートルのオフィススペースと強力なスタートアップ・エコシステムを有する、アメリカのCICによるアジア初のイノベーションキャンパスだ。ユーグレナの出雲充社長（2023年11月6日現在、日本経済団体連合会（経団連）スタートアップ委員会委員長の1人。本章3参照）やビザスクの端羽英子社長、プリファード・ネットワークスの西川徹社長らとの会談を終えた後、巨大な布張りの立看板の上部に、太いマジックペンで、「スタートアップ創出元年」と右上がりの大きな文字で書き上げた。

　岸田首相はその後も、同年5月5日のイギリス・ロンドンの金融街、シティでの講演で、自らが提唱する経済政策「新しい資本主義」の柱の1つとして、スタートアップ創出を掲げた。岸田政権が打ち出す政策には、スタートアップ支援政策が必ずといってよいほど、盛り込まれている。

軌を一にして、民間でも同様にスタートアップを支援しよう
という動きが活発になった。日本経済団体連合会（経団連）が
2022年3月に「スタートアップ躍進ビジョン」、経済同友会が
同年4月に「創業期を超えたスタートアップの飛躍的成長に向
けて」を公表した。スタートアップエコシステム協会（代表理
事　藤本あゆみ）も3月に発足した。政府、産業界をあげて、
オールジャパンでスタートアップ創出を促進しようという機運
が醸成されている。首相の意気込みに応じるかたちとみる向き
もあった。

　大学の研究力を引き上げる目的で導入される、いわゆる「10
兆円ファンド」も、大学発スタートアップの創出を支援すると
いうねらいを含む。運用益を有力大学に集中的に配分する。成
果回収の担い手として、大学発スタートアップへの期待が高ま
っている。

　内閣官房が2023年6月に発表した「新しい資本主義のグラン
ドデザインおよび実行計画」では、スタートアップの起業加速
およびオープンイノベーションを推進するため、前年11月に取
りまとめられた「スタートアップ育成5か年計画」に基づいた
具体策を実施していくことが明示された。デジタル庁の「デジ
タル社会の実現に向けた重点計画」でも、デジタル産業の発展
にはITスタートアップの育成が不可欠だと意義づけている。

(3)　「スタートアップ育成5か年計画」とは

　「スタートアップ育成5か年計画」は、日本国内のスタート

アップの数を増やすための戦略およびロードマップである。この計画の主な柱は3つある。「人材・ネットワークの構築」「資金供給の強化と出口戦略の多様化」「オープンイノベーションの推進」である。

　目標としては、2027年までにスタートアップへの投資額を10倍以上にすることを掲げている。さらに、将来的には10万社の新しいスタートアップの設立を目標としているという。

　具体的な取組みも進んでいる。

　「人材・ネットワークの構築」としてはまず、日本のスタートアップを海外に「武者修行」で派遣するプロジェクトも始まった。派遣先の1つがフランスだ。

　このプログラムは、経済産業省による「J-StarX」。起業家やスタートアップの創業経営者、取締役などを海外に派遣する。この取組みの目的は、日本の起業家に海外の空気に触れるチャンスを与え、意識改革とグローバルな事業展開の機会を提供することだ。海外の起業家や投資家、イノベーション拠点との交流を通じて、グローバルなスタートアップのエコシステムを築き、国際的に活躍できるスタートアップを育成する。フランスに派遣されたあるスタートアップ経営者は滞在中に、「現地の大企業向けに営業のきっかけをつかみたい」と話す。官が提供するプログラムは座学や交流が中心だが、起業家はしたたかに、売上げをたてることに余念がない。

　経済産業省はかねて、日本貿易振興機構（JETRO）を通じて、起業家やイノベーション関連の人材をシリコンバレーに派

遣する「始動－Next Innovator」というプログラムを推進していた。

「J-StarX」プログラムはこの取組みを拡大し、前述のフランスのほか、アメリカ東海岸、フィンランド、シンガポールなどの地域にスタートアップ関連の人材を派遣する。5年間で約1,000人の起業家や学生などの関連人材を海外に派遣することを目標に掲げている。スタートアップのエコシステムを強化するためにはダイバーシティ（多様性）も重要であるとの考えから、女性起業家専用の派遣コースも開始された。

2023年10月、アメリカの有力ベンチャーキャピタル、アンドリーセン・ホロウィッツ[3]の共同創業者ベン・ホロウィッツ氏が来日し、虎ノ門ヒルズで2日間開催された「MOMENT 2023」というカンファレンスに登壇した。経済産業省が三顧の礼で招聘したという。

アンドリーセン・ホロウィッツは、最近では、話題の生成AI（人工知能）「ChatGPT」をサービスとして提供するOpen AI（サム・アルトマンCEO）に投資していることで知られる。さかのぼれば、ビデオ会議システムのスカイプ、SNSのフェイスブック（現・メタ）、短文投稿サービスのツイッター（現・X）、民泊仲介サイトのAirbnb（エアビーアンドビー）など、そうそうたる企業に投資し、上場させた実績がある。

ホロウィッツ氏が来日し、日本のスタートアップと交流する

---

3 Andreessen Horowitzは合同会社であり、正式名称はAH Capital Management, LLC（略称はa16z）。公式サイト（https://a16z.com/）

ことで、エコシステムの深化を図りたいという経済産業省のねらいだが、324億ドル（米調査会社クランチベース、2022年、約4兆8,000億円）にのぼる運用総額の一部を日本に振り向けてもらいたいという思惑も垣間見える。ホロウィッツ氏とともに来日したベンチャーキャピタリスト（VC）は少なくとも10人以上。政府は、こうした有力VCに日本の公的資金を投入し、日本のスタートアップに多様なVCから投資が実行されることも構想しているようだ。真偽のほどは定かではないが、乗り合わせたエレベーターのなかで、ホロウィッツ氏に自社の事業を紹介するピッチ（プレゼン）をした日本人起業家がいたという。早速、効果が出て、「資金供給の強化と出口戦略の多様化」となったといえるのかもしれない。

　東京都目黒区・渋谷区に、アメリカの有力大学マサチューセッツ工科大学（MIT）を招致して、グローバル・スタートアップ・キャンパスを開設する計画も持ち上がっている。G7広島サミットの際に来日したジョー・バイデンアメリカ大統領と岸田首相の会談で決定した。ディープテック（先端技術）領域を中心に、アメリカ仕込みのスタートアップ・エコシステムを日本に実現する考えだ。この場に国内外のスタートアップや大企業を呼び込み、「オープンイノベーションの推進」を実現する場とする構想だ。

　海外を巻き込んだ大きな青写真を描き、グローバルな規模で、スタートアップを育成するエコシステムを実現する。同様の手法で発展したフレンチテックをお手本にした格好だ。

⑷　地域（地方創生）とスタートアップ

　フレンチテックが地方でのスタートアップの活動を応援するように、日本のスタートアップ支援策も地域ごとの活動が活発になっている。スタートアップが地方創生の担い手になろうとしている。

　経済産業省は2020年、J-Startupプログラムの地域版「J-Startupローカル」を開始した。J-Startupが、世界で戦い、勝てるスタートアップ企業を生み出し、革新的な技術やビジネスモデルで世界に新しい価値を提供することを目的としたのに対して、その前段階にあるスタートアップや地域に密着したスタートアップが選ばれたとされる。

　当初は、札幌市を中心とする「J-Startup HOKKAIDO」、仙台市を中心とする「J-Startup TOHOKU」、京都府、京都市、大阪府、大阪市、堺市、兵庫県、神戸市などから構成する「J-Startup KANSAI」で始まった。

　その後、徐々に参画地域を増やし、2023年10月現在、愛知県内および静岡県浜松市地域で構成する「J-Startup CENTRAL」、新潟県の「J-Startup NIIGATA」、九州の「J-Startup KYUSHU」、中国地方のスタートアップを支援する「J-Startup WEST」などが加わった。

　スタートアップ・エコシステムの構築に積極的な自治体を中心に構成される各J-Startup地域事務局が、地域に根差した有望スタートアップ企業を選定し、公的機関と民間企業が連携し

て集中的に支援する。

〈スタートアップ・エコシステム拠点都市〉

　地域のスタートアップ支援は、内閣府も手がける。スタートアップを支援するエコシステムを形成・発展させるため、スタートアップの創出と成長を支援するためのさまざまな取組みや制度をもっている「グローバル拠点都市」と、今後、支援体制をさらに拡充する「推進拠点都市」を2020年に定めた。

　地方自治体だけでなく、大学や民間のスタートアップ支援組織や金融機関、不動産会社などを構成員とするコンソーシアム全体を審査した。選ばれた地域および関連スタートアップに対して、集中支援を実施することで、世界に伍するスタートアップ・エコシステム拠点形成を目指す。

　地域のスタートアップ・エコシステムを充実させ、地方でスタートアップを育成することは、地方創生につながるため、政府の支援も手厚く、重層的だ。スタートアップ・エコシステム拠点形成事業は、「J-Startupローカル」とも連携して各地域のスタートアップ・エコシステムのさらなる強化を目指す。

　「グローバル拠点都市」は具体的には、以下の4つの都市がスタートアップ・エコシステム拠点として認定されている[4]。

4　「スタートアップ・エコシステム拠点都市について」（内閣府科学技術・イノベーション推進事務局サイト2023年8月　https://www8.cao.go.jp/cstp/openinnovation/ecosystem/startup_gaiyou.pdf）

● **スタートアップ・エコシステム 東京コンソーシアム**

東京の主要部分を中心に、ハブ＆スポークの連携で研究開発拠点を有する都市（川崎、横浜、和光、つくばなど）との連結が行われている。有力大学との連携で研究開発成果の事業化を促進しており、新しい技術やサービスの実証フィールドも推進している。

● **Central Japan Startup Ecosystem Consortium**

製造業の集積とスタートアップとの連携を強化しており、モビリティやヘルスケアなどの分野での共創プロジェクトを推進している。

● **大阪・京都・ひょうご神戸コンソーシアム**

大阪、京都、神戸の三都市の強みを融合し、各分野におけるスタートアップの新技術や新サービスの機会創出を実施している。

● **福岡スタートアップ・コンソーシアム**

福岡市は、2010年12月に福岡市長に就任した高島宗一郎市長が2012年に「スタートアップ都市宣言」を行い、独立系VCの活動や大型スタートアップイベントの開催など、エコシステムの形成を加速している。

スタートアップ推進都市は、スタートアップ拠点都市に次ぐ役割をもつ都市で、これらの都市もスタートアップのエコシステムの形成・発展を目指している[5]。

●札幌・北海道スタートアップ・エコシステム推進協議会（札幌市等）
●仙台スタートアップ・エコシステム推進協議会（仙台市等）
●広島地域イノベーション戦略推進会議（広島県等）
●北九州市SDGsスタートアップエコシステムコンソーシアム（北九州市等）

　この8地域以外にも、スタートアップの機運は高まっている。

　たとえば、沖縄県。沖縄のスタートアップシーンは近年拡大しており、2022年度にはスタートアップ企業数が97社、資金調達を行った企業数が20社、総額18.1億円に達する。IT系企業がデータセンターを置くなどの動きの結果、人材の集積が高まっている。複数の全国クラスのスタートアップイベントが開催されるようになってきた[6]。沖縄科学技術大学院大学という世界レベルの研究成果をもつ大学もある。解決すべき社会課題もあり、結果として、イノベーションを生み出すきっかけにもな

5　「各拠点都市の計画及び進捗」（内閣府サイト2023年11月10日閲覧　https://www8.cao.go.jp/cstp/openinnovation/ecosystem/kyotentoshi.html）
6　「2022年のデータから読み取る沖縄のスタートアップ事情！」（沖縄スタートアップエコシステム公式サイト2023年10月19日　https://startup-lagoon.okinawa/news/3012/）

っている。

フランスから学ぶ
——フレンチテックとの交流

(1) 日の丸起業家、フランスへ

　日本の起業家がフランスを目指している。フランスのスタートアップ・エコシステムなどからの学びや、フランスの大企業との連携を事業成長につなげようとしている。

株式会社ファーメンステーション

　「化粧品産業などを中心に、フランスの企業との親和性が高い。引き合いも多い」こう話すのは、2023年11月にフランス・パリを訪れた発酵ビジネスのスタートアップ企業、ファーメンステーション社の酒井里奈社長だ。

　独自の発酵技術を駆使して未利用資源の再生・循環を実現することを目指す研究開発型のスタートアップ企業。主な事業活動としては、未利用資源から発酵や蒸留によってエタノールやフレーバーなどの機能性素材を製造し、残った発酵粕を化粧品の原料や家畜の餌として活用する。最近では食品や飲料業界も対象としており、サーキュラーエコノミー、アップサイクルを実践する先進企業として知られる。

　2023年、フランスを代表する高級化粧品メーカー、ロレアル

グループの日本ロレアル（本社：東京都、代表：ジャン-ピエール・シャリトン）が主催するテクノロジースカウティングイベント「L'ORÉAL Big Bang Japan 2023」で、ファイナリストに選出された実績もある[7]。地域社会、環境、カスタマー、従業員に対して多面的・包括的な利益を生む事業活動を実践する企業を認証する国際的な制度「B Corp認証」も取得している[8]。

酒井氏は、経済産業省が主導する前述のJ-StarXと呼ばれるプログラムにエントリーし、採択されて、訪仏した。派遣プログラムでは、コーチング、メンタリング、現地進出支援が提供された。フランスの場合、世界最大級のインキュベーション施設である「StationF」（第2章参照）を拠点に、フレンチテックの現地企業と交流したり、名門ビジネススクールHECのレクチャーを受けたりした。

J-StarXは、前章までもみたとおり経済産業省主催の起業家育成・海外派遣プログラムである。公式サイトによると、

　世界を舞台に活躍する起業家輩出に向け、志高い挑戦者に、世界のトッププレイヤーと繋がり、学ぶ機会を提供し

7　「ロレアル主催のテクノロジースカウティングイベントL'ORÉAL Big Bang Japan 2023におけるファイナリスト選出について～革新的なバイオテクノロジーや環境に配慮した化粧品原料を対象」（https://fermenstation.co.jp/news_jp/pressrelease_jp/ロレアル主催のテクノロジースカウティングイベント/）
8　ファーメンステーション社公式サイトB Corp認証（https://fermenstation.co.jp/bcorp/）

> チャレンジを後押しします。
>
> 　本プログラムを通して、誰もが挑戦できる土壌づくりや次の時代を創り出すエコシステム形成を行い、日本からスターが生まれ、世界が輝き照らされる未来創造を目指します。

と記されている[9]。

　経済産業省は従来、アメリカ・シリコンバレーへの派遣プログラムを実施しており、その取組みを拡充するかたちで企画された。追加派遣先の「一丁目一番地」として選ばれたのが、フランス・パリだ。

　酒井氏はかねて、フランス企業との連携やフランス市場の開拓に関心をもっていた。2022年には、パリで開催される有力なオープンイノベーションイベントである「ビバテクノロジー」にも出展した。「今回も有力なハイブランドと交渉できた」と喜ぶ。「パリ滞在中に日本の知人がつないでくれた。HECもネットワークを活かして商談相手を紹介してくれた」という。「市場のニーズの変化を感じました。ファーメンステーションはここ（フランス）で勝負すべきだと思いました」。

ファッションブランドFactelier

　ファッション業界のスタートアップ「Factelier（ファクトリエ）」の代表である山田敏夫氏もJ-StarXの参加メンバーの1人

9　「J-StarXとは」（J-StarX公式サイト2023年11月10日閲覧　https://j-starx.jp/）

だ。山田氏は、創業100年を超える老舗婦人服店の息子として育った。大学在学中、フランスへ交換留学し、マルセイユで学び、グッチのパリ店で勤務した経験もある。

　起業のきっかけは当時、グッチのパリ店の同僚にいわれた一言。「日本にはものづくりの伝統もすばらしい技術もあるのに、どうして"ものづくりから生まれた"本物のブランドがないの？」。パリで一流のものづくりや商品へのこだわりなどを学び、触発されて、メイドインジャパンの工場直結ファッションブランドで起業した。

　J-StarXのフランスへの派遣プログラムを知ったのは締切の前日だった。急いで必要な書類を準備して申し込み、日本・フランス双方の審査を経て無事採択された。10月下旬から2週間の滞在期間中、どのように過ごしたのか。StationFで経営大学院のHECの講義を受ける一方、取引先の開拓に努めた。フランス人やインド人らの起業家5人と、梁山泊のようなStationF専用の寮で日々を過ごすなど、フレンチテックの経営者とも交流した。

　「StationFではとんでもない量のプログラムに加え、あらゆるコネクションも提供される。HECのサポートも得つつ、大企業へのテレアポと打合せでフル稼働した。主にラグジュアリーブランドを中心に協業先を探した。知り合いの紹介で高級ブランドのマネージングディレクターにも会えた」

　パリを再訪してあらためて感じたことがある。「フランスは伝統と革新のバランスのとり方が、すごく上手だということ。

街中には電動キックボードがあふれていた。フランス人は、パリでフランス料理の日本人シェフがミシュランの星を獲得することを受け入れる。それと同じように、外国人の起業家に対しても門戸を開いている。以前はテクノロジーやイノベーションのイメージがなかったが、この10年で一変した」。

今回のフランス滞在では、ラグジュアリーブランドへの素材提供がほぼ決まるなど、商談面でいくつかの成果があった。「ラグジュアリーブランドがサステナビリティや脱カーボンに気を使うようになっていた。彼らの要求に応えるのは大変だが、フレンチテックのスタートアップが、ベルサイユ宮殿やエッフェル塔、LVMHなどへの納入の機会を得ているように、われわれもフランスと良い関係を築き、世界に出て行きたい」。

(2) フレンチテックに学べ

スタートアップにおけるフレンチテックの重要性を知る日本の著名起業家の1人が、株式会社ユーグレナの出雲充社長だ。ユーグレナはバイオテクノロジー企業で、社名にもなっているユーグレナ（和名ミドリムシ）をはじめとする微細藻類の研究をベースとし、ユーグレナの栄養価の高さを活かした商品を開発・販売しており、食品や化粧品などのヘルスケア分野で製品を展開している。近年、持続可能なエネルギーであるバイオ燃料事業にも注力している。

本章2でも言及したとおり、日本経済団体連合会（経団連）のスタートアップ委員会委員長も務め、2023年5月、国の視察

に同行して、日本を代表するスタートアップ経営者の1人として、パリを訪問した。さかのぼって2018年のパリのStationFでの日仏スタートアップ協定のイベントにも参加している。

（注）　出雲氏へのインタビューを本章末に収録。

　フレンチテックの成功から何を学び、それをどう活かすのか。謙虚に取り組むことが求められている。J-StarXでは、フランスのほか、J-StarX発足以前から目指していたシリコンバレーや、アメリカ東海岸、フィンランド、イスラエル、シンガポールなどに派遣地域を拡大する。女性起業家や学生も派遣する計画だ。こうしたプログラムが成功するかどうか。フレンチテックへの派遣プログラムは、その試金石でもある。

（上田　敬）

フレンチテックに倣い、
日本のスタートアップを育成
——東大発スタートアップ、
　　ユーグレナ出雲社長に聞く

株式会社ユーグレナ
代表取締役社長　出雲　充 氏

1980年生まれ。東京大学農学部卒業後、東京三菱銀行（現・三菱UFJ銀行）勤務を経て2005年に株式会社ユーグレナを創業。第1回日本ベンチャー大賞「内閣総理大臣賞」受賞。世界経済フォーラム（ダボス会議）ヤンググローバルリーダー、経済団体連合会審議員会副議長・スタートアップ委員長、経済同友会スタートアップ推進総合委員長など。著書に『僕はミドリムシで世界を救うことに決めた。』（小学館新書）ほか。

■2022年はスタートアップ創出元年

——**世界的に起業の気運が高まっており、スタートアップ起業は増えています。最近の日本のスタートアップの状況についてどのようにとらえていますか。**

　岸田総理が昨年（2022年）の年頭記者会見で「スタートアップ創出元年」[1]とおっしゃった。皆驚いたと思う。「スタートアップ」という言葉を、それまで総理が年頭記者会見で発言したことはなかった。そこから2022年はだれもが「スタートアップ」を意識するようになった。経団連（日本経済団体連合会）も経済同友会もメディアも、皆の期待は高まった。

　私は経団連でスタートアップ委員会の委員長を務めているのだが、昨年（2022年）3月に「スタートアップ躍進ビジョン」を提言し、同年11月には政府が「スタートアップ育成5か年計画」を決定した。

　大きく2つの重要な変化があげられる。

　1つは政府の閣議決定文書に「ベンチャー」や「スタートアップ」という言葉が出てくるのは約20年ぶり2度目であること。答弁などで「スタートアップに取り組みます」ということと、閣議決定文書で言及するということは重みが違う。

　20年前、小泉（純一郎）内閣のときに平沼赳夫経済産業大臣が「大学発ベンチャー1,000社構想」を盛り込んだ政策案、いわゆる「平沼プラン」を立ち上げた。その後は政府による「ベ

1　岸田内閣総理大臣年頭記者会見（全文）（自由民主党サイト2022年1月4日　https://www.jimin.jp/）

ンチャー」への言及はなかったと記憶している。

■スタートアップ育成、閣議決定で言及

　以来、政府の閣議決定文書で重要な「骨太の方針」に「ベンチャー」や「スタートアップ」という言葉は出てこなかったが、昨年（2022年）11月、約20年ぶりに「スタートアップ育成5か年計画」が閣議決定として発表された。スタートアップに関する指標を5年間で10倍にしていくという計画だ。スタートアップへの投資金額は現在の8,000億円規模から10兆円規模へ[2]。スタートアップを10万社創設へ。（時価総額1,000億円を超える未上場企業である）ユニコーンを100社創設へ。この目標に向けて官民一体で猛烈に走り出そうという構想である。

　日本にとって「いまスタートアップをやらないでいつやるのか」というぐらいの一大チャンスである。総理の昨年（2022年）の年頭記者会見から1年間で、大きく景色が変わった。

　2つ目は、政府は単年度予算が基本なので「10倍を目指す」というように具体的に数値目標が出されることはめったにないということ。今回、政府は過去最大規模となる約1兆円の予算措置をとったが、とにかく5年で10倍にすると最初に明言することはすごいことだ。

2　「スタートアップ育成5か年計画」（sdfyplan2022.pdf、内閣官房サイト2022年11月28日　https://www.cas.go.jp/）

■起業、投資金額、ユニコーン　いずれも5年で10倍

——政府の決定は本当に達成可能と考えられるか。政府を信用できる、あるいはそのことによって鼓舞されたスタートアップ関係者が頑張るから、ということか。

両方の相乗効果になる。政府の文書に明記してあるからといって成し遂げられるわけではないが、達成は可能だと考えている。

日本のスタートアップへのリスクマネーは、20年前は約800億円だったところ、現在は約8,000億円になり[3]、10年で10倍になっている。「スタートアップ育成5か年計画」の目標である「10倍」は、スタートアップ界隈にとって、「（10倍にすることは）簡単ではないがいまの盛り上がりであれば達成できるのではないか」というような受け止め方になるだろう。

——出雲さんは、ユーグレナとして、あるいは関与されているベンチャーキャピタル「リアルテックホールディングス」として、あるいは経団連のスタートアップ委員会の委員長として、どのようなことを実行するお考えですか。

それぞれの役割によって実行することは異なる。5年で10倍の規模にするということは、裾野を広げること。いま1年間に日本で生まれる会社は13万から14万社[4]。そのうち、スタートアップにカテゴライズされる会社は1万社といわれている。こ

3　「スタートアップ育成5か年計画」時点。最新情報は「ベンチャーキャピタル最新動向レポート（2022年度）」（一般社団法人日本ベンチャーキャピタル協会サイト2023年9月8日　https://jvca.jp/）参照。

の１万社を10万社に、５年で10倍にして裾野を広げる。裾野を広げた後は頂点を高くしなくてはならないので、スタートアップのなかから生まれるユニコーンの数を10倍にし、日本発のスタートアップのグローバルでの成功事例をつくる。

　いまスポーツの分野で大谷翔平選手をはじめ若い人が世界で活躍している。ベンチャーやスタートアップも同様に日本からたとえばアジアなどに飛び出していって、グローバルで成功するようにする。

　私自身も、ユーグレナが世界に出ていって10倍に成長することができるのだというのをお見せしたいと考えている。

■地方大学のディープテックに期待

──自らロールモデルを見せるということですね。ユーグレナとしては、アジア×エネルギーの分野ですか。

　ユーグレナは現在マレーシアでエネルギービジネスを進めようとしている。アジアに出ていって、10倍の規模に成長できることをお見せしたい。

──ベンチャーキャピタルのリアルテックホールディングスにかかわっている。投資家サイドとしてはどのような活動をしていきますか。

　リアルテックホールディングスが運営するリアルテックファンドの特長は、地方の大学発の技術がコアになっているディー

4　「前年比1.6％減、新設法人は２年ぶり減少　新設法人率は沖縄県が13年連続でトップ」（東京商工リサーチサイト2023年５月16日　https://www.tsr-net.co.jp/）

プテックのスタートアップに投資していること。いま日本の
VC（ベンチャーキャピタル）の投資のほとんどは東京だと思う
が、リアルテックファンドの50％以上は地方の大学の特許やディープテックを丹念に探して、投資している。こういうベンチャーファンドはなかなかないと思う。これがよい結果に直結すると私は信じている。

　日本の大学にはまだまだ素晴らしい技術やパテント（特許）がある。日本の大学が１年間に申請する特許はだいたい7,000件ある[5]。大学はいま予算がないところが多い。予算がないなか、7,000件もの「価値がありそうだ」と考える技術で特許を申請しているわけだが、これらの特許はほとんど使われていない死蔵特許になってしまっている。

　しかし、東京大学や京都大学に限定すれば、取得した特許のうち４割ほどが大企業とライセンス契約を締結したり、ベンチャーをつくったり、なんらかのかたちで活用されているのではないか。

　東大発ベンチャーは累積で約500社あるが、うち25社が上場して[6]、合計で約１兆円のマーケットキャップ（時価総額）になっている。

　これは大学の知財をうまく活用した成果である。せっかく取

5　「特許行政年次報告書2020年版〈本編〉─第４章　大学等における知的財産活動」（honpen0104.pdf、特許庁サイト　https://www.jpo.go.jp/）
6　最新の累積値。「東京大学関連ベンチャー（2021年度）累積創出数は478社になりました」（400104360.pdf、東京大学・産学協創推進本部サイト2022年６月３日　https://www.ducr.u-tokyo.ac.jp/）。

得した特許なのだから、いま死蔵しているとしても、それを活用していかなければならない。

■大学知財、税制で活かすフランスなどお手本

今年（2023年）の3月に、内閣府、文部科学省、経済産業省が「大学知財ガバナンスガイドライン」を公表した。このガイドラインは、大学における知財マネジメントおよび知財ガバナンスに関する考え方を示すものであり、これに沿って大学の知財を運用して、現在活用できていないパテントを、大企業がライセンス契約等で活用できるようにする。もし大企業が興味をもたないとしても、特許になるぐらいの技術であるのだから、ベンチャー企業やスタートアップ企業をつくりそこで活用する。そのように積極的に取り組んでほしいと産学そして官に促しているのが、このガイドラインである。

このガイドラインと両輪をなすものが、「オープンイノベーション促進税制」と「イノベーションボックス税制」の2つだ。

フランスを例にあげると、法人税が25％であるが、大学などの研究機関のパテントから生み出された商品やサービスの利益に対して税額控除が認められている。企業は大学などの研究機関に出資を検討し、大学もより研究を推進するようになる。

日本では来年（2024年）、「イノベーションボックス税制」が新設される予定で、これから税制調査会で適用範囲を決めるところだ。パテント、知財を活用した大学発スタートアップについては、この「イノベーションボックス税制」を全面的に適用

することになれば、「大学知財ガバナンスガイドライン」とセットになり、日本の大学が特許技術を使ってベンチャー企業を起こすというケースが増えるだろう。

このような制度はフランスやイギリス、中国など各国にあるので、海外ではイノベーションが生まれやすくなっている。

先にも述べたが、たとえばフランスで大企業が自動車を製造して販売したら法人税として25％が課せられるが、その自動車メーカーが大学などの研究機関や大学発スタートアップ企業と共同研究を行い、パテントを取得したバッテリー類の売上げの税金は控除が認められる。それなら大企業である自動車メーカーも大学発のスタートアップ企業への投資や、大学に共同研究で巨額の資金を出そうと検討するというものだ。

日本はいままでこのような税制がなかったので、大企業は自前主義で自社の研究所でのみ研究開発をし、複数の企業が似たような研究を行っているような状況。かたや大学も似たような研究を行っている。では、大学の研究成果を使い、大手の電機メーカーが画期的な省エネのエアコンを製造できたとする。通常、エアコンの売上げに対する税金は30％だが、大学の研究成果を用いて開発したエアコンだと税金が10％になるのであれば、電機メーカーも大学と共同で開発しようとするだろう。

「オープンイノベーション促進税制」と「イノベーションボックス税制」は、大学発スタートアップ企業を活性化させる起爆剤になるし、フランスにもイギリスにもドイツにもすでにある制度。日本でも制定されれば、大学発スタートアップに投資

を積極的に行っていこうという動きが生まれる。

■徹底的にフランスをベンチマーク

──もう1つのお立場としての経団連としては、どんなことをやっていかれますか。

　経団連のスタートアップ委員会として、「スタートアップ躍進ビジョン」を取りまとめた。これが「スタートアップ育成5か年計画」の下敷きになっている。この「スタートアップ躍進ビジョン」を取りまとめているときに、同じくスタートアップ委員長の南場さん（南場智子ディーエヌエー会長、経団連副会長）と、徹底的にフランスのスタートアップに関する施策をベンチマークした。

　「スタートアップ躍進ビジョン」を取りまとめ、実現していくにあたり、経団連で推進していることは、オープンイノベーション。先ほども述べたとおり、日本の大企業は自前主義の傾向が強いが、大学やスタートアップ企業を活用した、欧州と同じようなオープンイノベーション型にR&Dを切り替えていかなければならないと考えている。日本の民間のR&D、研究開発費はいま、年間14兆円[7]。大学や研究開発法人などに対して、大企業や民間が共同研究で出している額は、この14兆円のうち2,000億円にも満たない状況といわれている。企業が研究開発費の大半を自社の研究所で13、14兆円近くを使っている。中国

7　「我が国の産業技術に関する研究開発　活動の動向─主要指標と調査データ─」（shiryou.pdf、経済産業省サイト2021年11月　https://www.meti.go.jp/）

もドイツもアメリカもフランスも[8]、大学やスタートアップに大企業が日本の約10倍の1兆円ぐらいの資金を出して、自社でできないような先進的な研究を大学等が行い、完成した技術を用いて大企業が製品化するという方法をとっている。日本はいまだに自前主義で、大企業が中央研究所などをもっている。経団連の加盟企業は約1,500社あるのだが、これらの企業が研究開発をオープンイノベーション型にして、投資効率・生産性を高めていくよう、経団連としては積極的に加盟企業に発信し、働きかけていく。

──**働きかけるときに、先ほどおっしゃった「イノベーションボックス税制」などが始まるとよりいっそう促進される、ということでしょうか。**

そう考えている。「オープンイノベーション促進税制」はすでに始まっており、同制度を活用してスタートアップに投資すると、大企業は25％所得控除が受けられるようになる。つまり、大企業がスタートアップに100億円投資すると、25億円の所得控除になる。個人的に「オープンイノベーション促進税制」を活用している会社の事例をシンポジウムなどで解説するなどしている。

8　前掲脚注7参照。

■10年前のフランス、いまの日本に酷似

──先ほどの「徹底的にフランスをお手本にした」という話がありました。フランスに着目されたのはどういう経緯だったのでしょうか。

「スタートアップ躍進ビジョン」を取りまとめる際に、ベンチマークすべき国を検討した。まずアメリカと中国は日本と状況が異なるため参考にするにはむずかしい。一方、ドイツとフランスは結構日本に状況が似ていた。特に、5年前、10年前のフランスはいまの日本に近い状況だった。10年前、フランスのエリート学生は日本の東大生と似ており、官僚になるか大企業に就職することが普通で、ベンチャーを起業したりベンチャーに就職するなどという選択肢はないに等しい状況だった。そのような状況であったのを、現・フランス大統領のマクロン氏が2013年からの「フレンチテック」(La French Tech、フランス政府主導のスタートアップ支援プロジェクト)で変えた。VC（ベンチャーキャピタル）に潤沢な資金がまわるように、フランス政府や商工会議所がファンドを立ち上げた。日本でいうと財政投融資に近いようなかたちだと思うのだが、フランスは政府が国家ファンド、ベンチャーファンドを立ち上げたり、VCにLP（出資者）を紹介したりするなど、さまざまな手法で、まずVCの規模を大きくした。

「スタートアップ育成5か年計画」において、スタートアップへの投資金額として8,000億円規模から10兆円規模に目標を掲げているのは、フランスが2013年からの10年間でこれを実行

したことに倣ったものだ。

■フランス、学生に起業家教育

「フレンチテック」と両輪になっているのが、学生起業を奨励するPEPITE（Pôle étudiant pour l'innovation, le transfert et l'entrepreneuriat、イノベーション・転換・起業学生拠点）計画である[9]。フランスを地域ごとにグループ化し、地域のすべての高校で起業家教育を実施する。政府は、起業したい学生のためにインキュベーション・オフィスのような拠点を全国に整備し、起業家教育を徹底的に行い、起業に関心がある学生にはトレーニングを受けさせ、トレーニングを受けた学生には国家認証の学生起業家としての資格をフランス政府が付与、税金も半分にするなどし、起業家を後押しする施策を充実させて、起業を一気に促進させた。

日本はフランスに倣ったかたちで、ベンチャーファンドを5年で10倍規模にして10兆円にすることを目標としているが、起業件数を1万社から10万社にするには起業家教育が非常に重要になってくる。高校生からの起業家教育と、起業したい大学生へのエコシステムの拠点整備に5年で10倍の予算をつけ、起業しやすい環境を日本中で提供できるようにしたい。

「地域中核・特色ある研究大学強化促進事業」や、EDGEプログラム（グローバルアントレプレナー育成促進事業）も含めて、

---

9 「学生起業を奨励するPEPITE計画の評価報告」（研究開発戦略センター（CRDS）サイト　デイリーウォッチャー 2019 年 3 月 29 日　https://crds.jst.go.jp/）

大学発スタートアップはディープテックが肝だと思っている。もし、ベンチャービジネスに挑戦したい学生が、日本政府公認の学生起業家として認められたら親やまわりも考え方が変わるのではないか。いまはとにかく拠点を整備できればと思っている。

■パリに世界最大級のインキュベーション施設「StationF」開設

フランスは、2013年から「フレンチテック」を政府が実施し、その後マクロン氏が大統領に就任して推進したプラットフォームが、2017年にオープンした世界最大級のインキュベーション施設といわれるStationFである。StationFができてから、フランスには世界中から─特にアフリカと欧州から─優秀な学生が来るようになった。起業家教育を受けて国に正式に認められた学生が10万人を超え、国中にスタートアップ拠点ができて、その結果、わずか10年前にはフランスで「起業する」という感覚はなかったにもかかわらず、いまでは全仏の学生の70％が「起業家になりたい」「起業に興味がある」などとアンケートで回答するようになっている。日本同様、（起業に反対する）親など家族やパートナーからの理解を得られない、いわゆる「ブロック」もあったはずで、それがいまやフランス国内で最高の起業家、全欧で最高の起業家、さらには世界で最高の起業家がStationFに集まってきて、いま好循環が起きつつある。

■起業家ヒーローの誕生

南場さんいわく、フランスがスタートアップで成功したのに

は、国をあげての支援のほかにもう１つ理由がある、と。そうでなければ70％もの若者が「起業家になりたい」と言い出さないだろう。それは、「フランスの文化が変わるようなヒーローが誕生した」ということである。私財を投じてStationFをつくった実業家のXavier Niel（グザヴィエ・ニエル）氏である。フランスの若者にとって、最も有名な起業家であり、崇拝されている。日本でも「フレンチテック」のように起業家教育が充実して、起業しやすい環境が整い、グザヴィエ・ニエル氏のような人が出てくれば。

──これからのタイミングでそういったヒーローが日本にも出てくるのでしょうか。

スタートアップにおけるヒーローたちが若手世代の男女であったら、日本は起業に対する意識のハードルが下がり、いろいろな人が起業しやすくなるのではないかと思う。

フランスのように日本の学生の70％が「起業家になりたい」という状況になってほしいし、できうる限り努力している。

■フレンチテック、世界から起業家呼び込む

──日本のJ-Startupがフレンチテックから学ぶことはありますか。

日本のJ-Startupは、経済産業省がスタートアップ支援を目的として立ち上げたプロジェクトで、「フレンチテック」に倣っているが、「フレンチテック」とJ-Startupは全然レベルが違う。それはなぜか。

J-Startupにはグローバル視点、仕組みがない。「フレンチテ

ック」はビザを取得できて、フランス語に加えて英語も使えるので、世界中のフランス語圏・英語圏の優秀な人間がStationFに集まってくる。かたや日本のJ-Startup選定企業の社長はほぼ全員日本人、そして日本語、日本市場。J-Startupは、日本人の日本人による日本人のためのスタートアップ支援になっている。J-Startupと「フレンチテック」の最も大きな違いは、「フレンチテック」の認証がもらえると、フランスに移住ができ、ビザが発行されるので、世界最高峰の優秀な若者が次々とフランスに来るという点だ。日本のJ-Startupには、「ビザが発行される」「税金が安くなる」という支援はない。しかも手続は全部日本語。この時点で「フレンチテック」にはかなわない。

「フレンチテック」に本気で行くことを目指しているアフリカで最高峰の知識をもつ大学生が、J-Startupを知って、日本に来ることがあるだろうか。日本語で申請してくださいという時点で無理ではないか。J-Startupは現状では世界のタレントを呼び込むような仕組みになっていない。

そこでいまJ-Startupで推進しているのが、「インアウト」「アウトイン」、つまり「グローバルスタートアップ」化だ。

現状、日本のJ-Startupに選定されている企業で、グローバルに活躍しているスタートアップは少ない。さらには、「フレンチテック」のユニコーンは20社近いが、J-Startupではわずか。なぜフランスにはそんなにユニコーンが存在するのかというと、優秀な若者を集めるために産官学が一丸となってスタートアップ支援をしている。根底には、英仏語と日本語、という言

葉の壁の違いもあるかもしれないが、そういう前提、壁を乗り越えてグローバルに活躍するスタートアップを生み出さなければならない。そして国内から起業家を生むだけでなく、海外から起業家の卵や起業家を呼び込む取組みも必要だ。

（聞き手：上田　敬）

第 **5** 章

ま と め
──地方再興のカギ

1 日仏地域間交流とスタートアップ

(1) フランスから日本へ

　2023年9月から10月にかけてフランスで開催されたラグビーワールドカップも大変な盛り上がりとなった。2023年大会をみるにつけ、前回2019年の日本大会が思い出される。

　2019年の日本大会開催の際には、フランスの複数の地方公共団体が地元のスタートアップ企業数社を連れて来日した。

　第1章で述べたように、フランス国内にはフレンチテックの拠点として「フレンチテック・キャピタル」が置かれ、その地域のスタートアップ・エコシステムを盛り上げているのだが、このフレンチテック・キャピタルとなった地域の地方公共団体が、当該ビジネスツアーを実行したのである。

　その1つ、オクシタニー地域圏（2023年の今大会で日本チームが合宿の地に選んだトゥールーズ市は、その首府に当たる）の公共団体は、約10社の地元企業を連れて来日した。

　オクシタニー地域圏は2019年9月21日から26日までの期間、3回目となる日本へのビジネスツアーを実施した。この目的はオクシタニー地域圏の魅力を日本に伝え、具体的には、スポーツ、航空宇宙産業、食品分野での経済交流、

さらに大学間交流そして文化交流を推し進めるためである。特に京都府、愛知県を訪れ、地域間交流にも注力する（筆者訳）[1]。

もちろん、知事が団長である以上、地方自治体間の交流として、この記事のとおり京都府や愛知県の知事への表敬訪問等も実施されたのだが、重要なのは、単に各方面で交流を深めるために来日したわけではないことである。

オクシタニー地域圏が、地元の中小企業、スタートアップ企業を同行させたのは、実はそれら企業と日本企業とのビジネスマッチングを敢行するためであった[2]。

このときの来日テーマが「スポーツ、航空宇宙産業、食品」だったこともあり、スポーツのファンサイト運営のDX企業や、アウトドア・ブランド、また食品調理器具としてバーベキュー用調理機器メーカー等、オクシタニー地域圏に同行した約10社は多彩な顔触れであり、それぞれ日本企業と商談会を実施した。

そのなかに、アイウェアのヴァーチャル・フィッティング・ソリューションを提供するDX企業・フィッティングボックス

1　"La région Occitanie en mission au Japon"（"Occitanie Japon — Un pont entre Toulouse, l'Occitanie et le Japon" 2019年9月20日　https://occitaniejapon.com/2019/09/20/la-region-occitanie-en-mission-au-japon/）
2　なお、オクシタニー地域圏企業と日本企業とのビジネスマッチングを実施したのが、第1章の「スタートアップの役割」で「官」のビジネス支援機関として紹介したビジネスフランス日本事務所である。

（Fitting Box）社があり、日本のアイウェアメーカー数社と面談し、その結果、2年後の2021年6月に、日本のジンズホールディングスとの資本業務提携が発表された[3]。

　フランスの地方公共団体がオーガナイズした、ラグビー観戦を兼ねた日本へのビジネスツアーだったわけだが、参加した企業にとっては、日本でのビジネスパートナーを見つけるという成果につながったのである。

　また、同時期の2019年9月から年末までに日本へのビジネスツアーを実施したフランスの地方自治体としては、パリ市、ボルドー都市圏[4]そしてマルセイユを含むレジョン・スュドなどがある。

　単なる「視察」ではなく、このようにビジネスツアーとして、地方自治体が地元の中小企業やスタートアップ企業を同行させて、目的をもったビジネスマッチングが実施されれば、新しいビジネスへの成果を得るチャンスとなるのである。

(2) 日本からフランスへ──熊本県の場合

　さて、前項ではフランスの地方自治体が2019年のワールドカップ日本大会開催時に来日し、スタートアップを同行させ、日

---

3 「ジンズ、仏企業と資本業務提携　眼鏡販売のDX推進へ」（日本経済新聞2021年6月24日　https://www.nikkei.com/article/DGXZQOCC248PM0U1A620C2000000/）
4 "MISSION JAPON 2020 FUKUOKA & TOKYO"（Sirena Start-up公式サイト2023年11月9日閲覧　https://www.sirenastartup.com/mission-japon-2019）

本企業との商談を成立させた例を紹介したが、実は今回、2023年のワールドカップフランス大会開催中に、日本からフランスへビジネスツアーを実施した日本の地方自治体がある。熊本県である。

　熊本県の目的はもちろん、ラグビー観戦にあわせたものではない。

　この時期の渡仏までに、熊本県とフランス・ディジョン地域との間に10年以上に及ぶ農業・食品分野での研究交流があった。今回、熊本県副知事をトップに渡仏がかない、ディジョン都市圏と熊本県の国際交流協定の締結へと至ったのはその結果

熊本県とフランスのディジョン都市圏による国際交流促進の覚書締結

©2010熊本県くまモン

出典：熊本県提供

であった[5]。同協定のテーマは観光、食品・食文化、人的交流
と多岐にわたる。

　そしてこの地域経済国際交流協定の締結にあわせて、2023年
10月、熊本・九州食材の紹介プロモーションがディジョンで開
催された。

　さて、「どうしてディジョンと熊本なのか」という疑問がよ
ぎるだろう。

　実は2004年から、フランスは産・官・学での技術・経済発展
のためのクラスター政策を積極的に進めていた。そのなかにす

"Dijon & Kumamoto"

注：熊本県とフランスのディジョン都市圏による国際交流促進の覚書締結
　　にあわせ、熊本県とディジョン都市圏が作成したロゴ。ディジョンの
　　シロクマのマスコット「ポンポン」（左）と、熊本県の「くまモン」
　　が描かれている。
出典：熊本県提供

5　「仏ディジョンと覚書締結　熊本県　国際交流を促進」（熊本日日新聞
　2023年10月21日　https://kumanichi.com/articles/1207513）

でに国際交流・発展を目標とするクラスターがあり、さらにその1つにブルゴーニュ地方発のクラスター「ヴィタゴラ（Vitagora）」があった。このヴィタゴラ・クラスターのテーマはいまでいう「フードテック」であり、健康・長寿・環境のための食品・農業技術の研究開発、そして、その産業やビジネスを活性化することにあった。

このヴィタゴラ・クラスターが、フランス国外でのパートナーの1つとして、日本を選んだ。日本にもフランス同様、豊かな食文化があり、そして高齢化社会や農業人口の不足など、当時からフランスと同じ問題意識があったからである。

ヴィタゴラ・クラスターの担当者が初来日したのが2008年。日本で当時、農業・食品クラスターを形成していた北海道、金沢、九州などを訪れ、その結果ヴィタゴラ・クラスターと九州地域バイオクラスター推進協議会（事務局・公益財団法人くまもと産業支援財団）との本格的な交流が始まり、2010年にはMOUを締結した。

その後、ヴィタゴラと九州地域バイオクラスター推進協議会との食品の研究開発分野での交流が本格化していき、2019年からは互いの消費者の嗜好調査など、互いの国で実際に食品を販売する準備のための研究・調査を農研機構とともに開始した。

そうしたなか、フランスでも日本食ブームが起こり、しかしながら本物の日本の食品が浸透していない問題点が浮き彫りになり、また日本の農林水産省も日本の農林水産物・食品の輸出拡大[6]を掲げるようになって、まさに2023年、熊本および九州

産食品加工製品をフランスに売り込むタイミングが来たのである。

　フランスでラグビーワールドカップが開催される時期に、熊本県がディジョンにビジネスツアーを開催したかたちになったが、それは一朝一夕にできることではなく、お互いの長い関係がもたらした結果なのである。

　さて今回、フランスはディジョンへ紹介した熊本および九州の食品加工物は「醤油、味噌、日本茶、球磨焼酎、海苔、米粉」である。いわゆる日本の伝統的な食品だが、「発酵食品」が目立つ。「発酵」は、すでに第3章で述べたが、将来に向けたフランスのイノベーションの重要な課題「France 2030」の1つとして取り上げられているテーマである。

　また、フランスの国立農学環境研究所（INRAe）と日本の農研機構（NARO）も、共同で発酵に関する科学シンポジウムをディジョンで開催[7]するなど、「発酵」に高い関心を寄せている。

　つまり、「日本からフランスへの食品加工品の輸出」というと、一見そこに「イノベーション」は感じられないのだが、現況のフランスの問題意識からすると、発酵にかかわる食品とい

6　「農林水産物・食品の輸出拡大実行戦略の進捗」（農林水産省サイト2023年11月9日閲覧　https://www.maff.go.jp/j/shokusan/export/progress/index.html）

7　Fermentation：An agri-food innovation driver in France and Japan（2023年11月22日閲覧　https://www.vitagora.com/en/symposium-ferments-france-japan/）

うのはまさに「イノベーション」な製品なのである。

「熊本―ディジョン」という関係性も、もともとの地場産業を活かしたローカルToローカルの交流として特筆すべきものがある。ディジョンはいわずと知れたブルゴーニュ地方の中心として、ブルゴーニュワインを通して、醸造学、発酵学に造詣が深い。それゆえに、いち早くフードテック・クラスターであるヴィタゴラも誕生している。

熊本も豊かな自然に恵まれ、それゆえに農業や食品加工、そしてコメづくりから球磨焼酎のような醸造、発酵が伝統的に培われている地域である。そのようなお互いの特性を活かした地域同士、日仏ビジネス交流を具体的に進めているのである。

しかし、よいところばかりが共通しているわけではない。お互い地方都市として、若年層の地元での仕事の定着率の低さ、農業人口の高齢化、そして観光都市としても他地域との競争の激化など、いかにして魅力のある街づくりをするかも、互いにとっての緊急の課題である。

そのような問題意識を共有できる都市同士での国際的な経済、産業交流こそ、互いのイノベーションを生み出す課題解決へと導くものではないだろうか。

2 ディジョン—熊本間にみる イノベーションの事例

（1） ディジョンにおけるジャパンウィーク

　2023年10月に締結されたディジョン都市圏と熊本県の国際交流協定の一環で、同10月16日から22日にディジョン市内各所でジャパンウィークが開催された。日本のアニメや工芸品、武道、あそび（折り紙等）、盆栽などを紹介するイベントである。

　なかでも、シテ・ドゥ・ラ・ガストロノミー・エ・デュ・ヴァン（Cité de la Gastronomie et du vin、ガストロノミーとワイン

ディジョンで開催されたジャパンウィーク（Semaine du Japon）のメインビジュアル

出典：ディジョン都市圏提供

の文化施設）において、「九州食材マルシェ」が実施され、熊本・九州の特産品である、味噌・醤油、緑茶、海苔、米粉、そして球磨焼酎が出品され、ディジョンの一般消費者向けの試食会が行われた。味噌・醤油、緑茶、海苔、米粉については各事業者が実際に渡仏し、ディジョン市民に直接、試食品を振る舞い、味の感想を聞き取る機会となった。

　球磨焼酎に関しては、「球磨焼酎海外プロジェクト」を実施する熊本県の地方銀行である肥後銀行とそのシンクタンク公益財団法人地方経済総合研究所（以下、地総研）が中心となって今回の出展やイベントを実施した。

　以下に、肥後銀行と地総研が展開する「球磨焼酎海外プロジェクト」を紹介する[8]。

KUMA SHOCHU Japanese traditional rice spirits

　球磨焼酎とは、熊本県の南部の位置する人吉球磨地域で500年以上にわたりつくられてきた本格米焼酎です。この地域は急峻な山々に囲まれ、山から流れる水は日本三大急流の一つである球磨川となって人吉盆地に流れ込んでいます。球磨川水系の豊かな水と、その清らかな水に育まれた良質な米から、本格米焼酎「球磨焼酎」が生まれました。

　球磨焼酎文化の維持・発展のために人口減少やアルコー

8　「球磨焼酎海外プロジェクト Premium lifestyle with KUMA SHOCHU」（公益財団法人地方経済総合研究所サイトhttps://www.reri.or.jp/shochu/）より転載。

ル離れが進むなか、国内の焼酎消費量は伸び悩んでいます。このまま球磨焼酎の伝統が先細りしてしまえば失われる文化的価値は計り知れません。また2020年7月豪雨で甚大な被害を受けた地域経済に対しても、球磨焼酎産業は大きな影響力を持っています。

　当研究所は、熊本県にとって大切な資産である球磨焼酎文化のさらなる発展と、人吉球磨の地域振興、なによりこうした状況の中で精力的に取り組む球磨焼酎の蔵元のために、そして私たちがこれからも球磨焼酎を飲み続けるために、何ができるかを考えました。

　このプロジェクトでは、食文化が豊かなフランス市場を主なターゲットとし、ミシュラン星付きのレストランや高級ホテルのバー向けに試飲会などのイベントを開催し、一流のソムリエやバーテンダーの認知度や評価の向上に取り組んでいます。この取組を通して、球磨焼酎の魅力を国際的に発信することで、日本国内での再評価も見据えたブランド確立が狙いです。

　つまり、地域経済を守り、盛り上げる役目である地方銀行が、地域の主要産業を活性化する一環で球磨焼酎のフランス進出を進めているかたちである。

　このプロジェクトは2020年に開始され、これまで3度パリで自主商談会を開催したほか、2021年9月にフランスのリヨンで開催された食品展示会SIRHAにも出展し、フランスの飲食業

界へ球磨焼酎を普及する活動を行ってきた。2023年には、10月のディジョンでのジャパンウィーク出展直前の9月にも、パリで開催されたサロン・デュ・サケ（Salon du Saké、欧州における日本酒を中心とした日本飲料交流イベント）に出展している[9]。

これまではどちらかというと、ソムリエやバーテンダーといったプロフェッショナル向けのプロモーションが中心だったが、今回のジャパンウィークでは、一般消費者向けのテストマーケティングとしての試飲を行い、フランスの消費者への球磨焼酎の紹介を中心に行った。

さらに、ディジョン市にあるバーガンディ・スクール・オブ・ビジネス（BSB）という、ワインビジネスのMBAディプロムが取得できるビジネススクールから、ジャパンウィークの一環で球磨焼酎の講義を実施してほしいというリクエストがあり、特別講義も実現した。

この学校にはブルゴーニュで本場のワインビジネスを学ぶために世界中の学生が集まっているため、英語で講義が行われた。ブルゴーニュワインの中心地で、異国の酒類である球磨焼酎を学ぶという「イノベーション」が起きたのである。

また、ジャパンウィークの主賓であるディジョン都市圏代表、熊本県副知事、在仏日本大使が参加する公式晩餐会でも乾杯に球磨焼酎が振る舞われた。これはディジョン都市圏の担当者のたっての希望で実現し、球磨焼酎の伝統的な酒器である

9　サロン・デュ・サケ公式サイト（2023年11月9日閲覧　http://salon-du-sake.fr/exposants/）

「ガラチョク」[10]で提供された。

　晩餐会では当然、ブルゴーニュワインも振る舞われたが、その最初の乾杯を彩ったのが球磨焼酎であり、熊本―ブルゴーニュ、さらには日仏経済・産業交流を象徴する出来事であった。

(2)　ジャパンウィークで得られたもの

　このジャパンウィークのプロモーションの結果、何が得られたのだろうか。

　今回の九州食材マルシェでは、日本の食品を球磨焼酎以外にも、熊本県の特産品を中心に、一般のフランス人に試食を通して紹介した。

　会場では日本のマンガのイベントも開催されていたので、日本に興味があるフランス人が多く来場していた。彼らの多くはすでに日本食を日常的に体験しており、たとえばフランスで普及している醤油も味噌汁も餅の味も知っている。

　そうしたなか、今回は熊本や九州の事業者による、つまり地元の中小企業による地元素材にこだわった製品を提供し、いわゆる日本通のフランス人たちもこれまで接してきた日本の味との違いを敏感に感じ取った。

　球磨焼酎のプロモーションにおいても、日本といえばSake

10　球磨焼酎専用の白色陶器の酒器。長い注ぎ口のある徳利「ガラ」と、容量10ml程度の小さなおちょこ「チョク」をあわせて「ガラチョク」と呼ぶ。焼酎を「ガラ」に入れ、直火で50℃程度に温めて飲む「直燗（じきかん）」は球磨焼酎伝統の飲み方。

ジャパンウィークで開催した醤油のワークショップ

注：参加したフランス人が「利き醤油」として数種類の醤油を味見した。
出典：筆者撮影

（酒）は知っているけれども焼酎、さらには米由来の球磨焼酎
は初めてというフランス人が多かったらしい。今回、26銘柄の
球磨焼酎が紹介され、それを丁寧に試飲し、銘柄や蔵元による
味の違い、そして自分なりの味の好みを見つけることができた
ようだ。

　今回渡仏した地総研・事業連携部の古田千智研究員（肥後銀
行より出向）は以下のように語っている。

　「来場したフランスの消費者たちに球磨焼酎は新鮮味をもっ
て受け入れられた。最初に日本的なボトルやラベルが目を引き
試飲を求める人が多く、見た目が与える印象の重要性を実感し

た。米のふくよかな香りが好評で、多くの人が数種類を飲み比べて違いを楽しんでいた。

　また、これまでの経験からもわかっていたことだが、フランスの消費者の好奇心と知識欲にはいつも驚かされる。試飲ブースのまわりに人だかりができることもしばしばで、来場者は5日間で850名を超えた。そもそも焼酎とは何なのか、どのように飲むべきかを質問されることが多く、ディジョンでの焼酎市場を一から切り拓いている実感があった。まだディジョンでの取扱店舗がなく購入につなげられなかったことは残念だが、今後が期待できる結果となった。

　今後、フランス市場で蒸留酒としてウイスキー、ジン、コニャック、マールなどがあるなかで、球磨焼酎をどのようにブランディングをしていくかが最も重要な課題であると思う。また日本産食品として、多数流通している他の日本食材とどう差別化、あるいは相乗効果をねらうのか。まだ焼酎のポジションは不安定だからこそ、市場とのコミュニケーションを繰り返しながら需要を探り、適切なブランディングの努力を続けていかなければならない」。

　今回のプロモーションでは、一般的なフランス人よりはどちらかというと日本好きな、日本に興味のあるフランス人に、彼らにとっては新しいが伝統的な日本の食を紹介し、さらに彼らの嗜好を直接知ることができた。調理やプレゼンテーションの仕方、盛り付け方法等も、どのようにしたらフランス人に受け入れられるか、つまりフランス人に売れるかを実際にテストす

る機会となった。

　さらに、このプロモーションをディジョンで開催した意義は大きい。

　そもそも熊本─ディジョンで食・農業の研究開発が始まったことから今回の地方自治体同士の経済交流協定につながった点はすでに説明したが、幸運なことに、ディジョンはブルゴーニュ地方の中心地らしく、非常に食リテラシーが高いと筆者は感じた。日常生活のなかでワインの試飲の仕方や食事の楽しみ方を知っており、球磨焼酎の試飲でもワインの試飲と同様に丁寧に味わい、自分の言葉で味を表現する。また今回ワークショップとして、ディジョンの人々に熊本の醤油メーカーの醤油を数種類味わってもらったが、まず鼻で香りを、そして目で色をみてから、舌で味わっていた。ワインの試飲と同じように醤油も試飲していた。

　このように食に対して教育され、感度の高いディジョンの住民に対してだからこそ、今回のような九州・熊本の（大量生産ではなく）多品種少量生産のこだわりの日本食材についてのプロモーションの意義があったといえるであろう。

　そういった意味では今回の試み自体がイノベーションであるといえるだろう。

　前章までもみてきたように、フランスでは「イノベーション」と呼ばれる対象がデジタルやAIの分野にはとどまらない。自然環境を守る、健康で人間らしく生きる等、大変多彩な局面に「イノベーション」が見出されている。

インダストリアルではなくアーティザナル（手づくり、職人気質）な製品や、地元の自然環境や農産物を活かして生産した食品を海外の消費者に受け入れられるように紹介し販売することも、「イノベーション」たりうるのである。

　地元や国内にとどまっているだけでなく、世界に発信する。そのために必要な変化を受け入れて、ローカライズやグローカライズをする。これこそがまさに新しいビジネスのイノベーションではないだろうか。

　今回のジャパンウィークで、地元経済や企業を応援する地方銀行が、地元企業を世界に紹介するため、そして世界で製品を販売するために取り組んだプロモーションこそが、日本が、そして日本の地方が取り組めるイノベーション支援であると筆者は実感した。

　スタートアップを見つけること、そしてその起業を支援することももちろん大切だが、地元の歴史ある伝統産業や中小企業をこれまでとは違う価値観で支援することも、日本にとって重要なイノベーションといえるであろう。

　自分たちでは当たり前と思っている価値も、海外からみれば新しい、これまでにない付加価値となる場合も多々ある。そのような視点で日本の、そして地元の産業、製品を再発見することが、今後日本が取り組んでいくべきイノベーションではないだろうか。

　日本の伝統産業が新たなイノベーションのきっかけとなる可能性がある。今回のディジョンでの取組みは、まさにその可能

性を実感させるものであった。

　フランスのスタートアップ・エコシステムが地方のスタート
アップを支援すること、そして最初から世界を目指すことを視
野に入れているように、日本でのスタートアップ支援、そして
イノベーションも、まずは自分のまわりを見直すこと、そし
て、地元の中小企業、伝統産業を支援することから始まるとい
っても過言ではないだろう。

巻末資料

【巻末資料1】 ブリュノ・ル・メール経済・財務・産業 およびデジタル主権大臣の巻頭メッセージ

＊プレスキット "Promotion 2023 du Programme French Tech Next40/120"（2023年2月20日）収録

主権経済を維持・強化することは、フランスの戦略的自律を強化するための政府の優先事項である。2017年以来、共和国大統領とともに、われわれはこの方向性で取り組んでいる。国の成長を支え、企業のイノベーション・雇用創出を可能にし、そしてわが国の戦略的自立に不可欠な産業部門とイノベーションの発展を確たるものとしてきた。これが、新型コロナ危機の第一段階後に展開されたフランス再興計画（France Relance）の目的であり、そして現在のフランス2030の目的である。このフランス2030計画は前例のない投資計画であり、このファンドの5割は特にスタートアップを対象としている。

イノベーションを推進するフランスにおいて、スタートアップは特別な位置を占めている。スタートアップの存在は、中小・零細企業、中堅企業そして大企業と並んで、フランスがこれまでも、いまも、そしてこれからも起業家の国であることを再確認させてくれる。そう、フランスで起業するのは素晴らしい。フランス各地に才能ある人材がいる。一大市場、そして、EUの中心としてのさらに大きな市場へのアクセスが可能である。そして何よりもフランスが魅力的な国だからである！　過去3年間、フランスは国際投資の魅力という点でヨーロッパをリードし続けている。

経済や健康、農業そしてエコロジーなどあらゆる分野で、フランスのスタートアップは従来の方法を根本から変革するイノベーションを生み出している。これらのソリューションは、いまやフランスの個人だけでなく、すべてのビジネスに役立っている。スタートアップは、わが国の中小零細企業のDX（デジタル・トランスフォーメーション）に貢献している。わが国の最大手企業の環境移行にも役立ち、おかげでこれらの企業は業界内のトッププレーヤーにとど

まり続けている。スタートアップは公共分野にも協力しており、そのなかには、わが国が経験した未曾有の危機に対して重要な役割を果たしたものもある。

ここ数年、フランスのスタートアップは新しい活動分野に出資し、フランスに大きな競争力を与える画期的なイノベーションを展開している。技術・産業・エネルギー・食糧の主権における重要な担い手として、彼らは今日わが国が直面している課題に対応することを可能にしてくれるだろう。たとえば、未来の農業食品部門で新しい挑戦をしているYnsectやInnovafeed。あるいは、より環境に配慮した輸送を可能にする次世代バッテリーを開発しているVerkorなどである。

これらのほかにも多くのスタートアップが、わが国が取り組んでいるグリーン再産業化に積極的に貢献しており、そのうちの多くのスタートアップが今年のフレンチテックNext40/120に参加していることを誇りに思う。

2023年、主権・収益性・雇用創出・インパクト（投資）・環境の問題を考慮することで、このフレンチテックNext40/120に選ばれたスタートアップはますます責任あるビジネスモデルの構築に貢献するだろう。フランス共和国大統領とともに、この第4期フレンチテック40/120の受賞者に心からお祝いを申し上げたい。

【巻末資料２－１】　フレンチテックNEXT40/120の「40」企業

企業名	URL	カテゴリー
360Learning	https://360learning.com/	エデュケーションテック
Alan	https://alan.com/	フィンテック・インシュアテック
Ankorstore	https://www.ankorstore.com/	リテールテック
Back Market	https://www.backmarket.co.jp/ja-jp	グリーンテック
Blablacar	https://www.blablacar.com/	モビリティ
ClubFunding *	https://www.clubfunding.fr/	フィンテック・インシュアテック
Contentsquare	https://contentsquare.com/	データ・AI・サイバー・クラウド
Dental Monitoring	https://dentalmonitoring.com/	ヘルステック・バイオテック・メドテック

業務内容（◆の下段は自社サイトほか投資情報等出典）
企業内教育のための共同学習プラットフォーム
企業向けオンライン医療保険サービスの開発
個別商店のためのマーケットプレイス
中古再生／リファービッシュ品専門マーケットプレイス。2022年1月にシリーズEの4億5,000万ユーロの資金調達 ◆ https://retailtechinnovationhub.com/home/2022/1/12/back-market-raises-510-million-now-valued-at-51-billion
フランス初のユニコーン、カーシェアリングプラットフォーム。2022年で2,600万人が登録・利用 ◆ "Promotion 2023 du programme French Tech Next40/120"（フランス経済・財務省プレスキット2023年2月20日）
デジタル投資のためのプラットフォーム
人工知能（AI）を搭載した顧客体験分析プラットフォーム。2022年7月に6億ドルの資金調達 ◆ https://contentsquare.com/fr-fr/blog/levee-fonds-600-millions-dollars/
歯科医療に特化したスマートプラットフォーム

企業名	URL	カテゴリー
Descartes Underwriting	https://descartesunderwriting.com/	フィンテック・インシュアテック
DNA Script	https://www.dnascript.com/	ヘルステック・バイオテック・メドテック
Doctolib	https://www.doctolib.fr/	ヘルステック・バイオテック・メドテック
EcoVadis	https://support.ecovadis.com/hc/fr	データ・AI・サイバー・クラウド
Electra *	https://www.go-electra.com/fr/	モビリティ
Exotec	https://www.exotec.com/	エレクトロニクス・ロボティック

業務内容（◆の下段は自社サイトほか投資情報等出典）
気候リスクに対するレジリエンスを構築する新世代のパラメトリック保険
酵素によるDNA合成のためのデスクトップDNAプリンター開発
オンライン診察予約プラットフォーム。フランスを含む3カ国で7,000万人が利用 ◆ "Promotion 2023 du programme French Tech Next40/120"（フランス経済・財務省プレスキット2023年2月20日）
グローバルなクラウドSaaSプラットフォームによる企業の社会的責任（CSR）評価サービスを提供。顧客は世界175カ国に10万社の企業 ◆ "Promotion 2023 du programme French Tech Next40/120"（フランス経済・財務省プレスキット2023年2月20日）
電気自動車のための充電スタンドサービス。2022年に1億6,000万ユーロの資金調達 ◆ "Promotion 2023 du programme French Tech Next40/120"（フランス経済・財務省プレスキット2023年2月20日）
倉庫物流ロボティクスによる倉庫自動化ソリューション。2020年に日本法人設立。ファストリテイリング社と協業 ◆ https://www.jetro.go.jp/invest/newsroom/2021/18d4adeafa0cdaf0.html

企業名	URL	カテゴリー
Flying Whales*	https://www.flying-whales.com/en/home/ （フランス語のサイトなし）	モビリティ
IAD	https://www.iadgroup.com/	不動産テック
Innovafeed	https://innovafeed.com/	フードテック・アグリテック
Ivalua	https://www.ivalua.com/	フィンテック・インシュアテック
Ledger	https://www.ledger.com/	リテールテック
Loft Orbital	https://www.loftorbital.com/	宇宙テック
Lydia	https://www.lydia-app.com/	フィンテック・インシュアテック
ManoMano	https://www.manomano.com/	リテールテック
Mirakl	https://www.mirakl.com/	リテールテック

業務内容（◆の下段は自社サイトほか投資情報等出典）
ハイブリッド電動飛行船開発。物流用に操業を目指す https://xtech.nikkei.com/atcl/nxt/column/18/02316/011800049/
不動産業界DXソリューション
動植物の栄養のための昆虫生産のフードテック、バイオテック企業
すべての支出とサプライヤーとの関係を効率的に管理する単一プラットフォーム
暗号資産に最高レベルのセキュリティを提供するハードウェアウォレットの技術を開発。2021年にシリーズＣで３億5,000万ユーロ、2023年３月にも追加で１億ユーロの資金調達 https://techcrunch.com/2023/03/30/crypto-wallet-company-ledger-raises-another-108-million/
宇宙インフラ事業の構築
送受金、支払、貯蓄のための銀行アプリケーション。2021年12月に１億ドルの資金調達 https://business.lesechos.fr/entrepreneurs/financer-sa-croissance/0700482140876-lydia-leve-103-millions-et-devient-la-22e-licorne-de-la-french-tech-346264.php
DIY関連製品、サービスのマーケットプレイス
個別企業にマーケットプレイスを作成するツールとソリューションを提供するプラットフォーム

企業名	URL	カテゴリー
NW	https://www.nw-groupe.com/	グリーンテック
PayFit	https://payfit.com/fr/	HR（人材開発）
Pigment	https://www.gopigment.com/	フィンテック・インシュアテック
Qonto	https://qonto.com/fr	フィンテック・インシュアテック
SAFTI *	https://www.join-safti.com/fr	不動産テック
Shift Technology	https://www.shift-technology.com/	フィンテック・インシュアテック
Sorare	https://sorare.com/	エンタメ・カルチャー
Spendesk	https://www.spendesk.com/	フィンテック・インシュアテック

業務内容（◆の下段は自社サイトほか投資情報等出典）
エネルギー転換スタートアップで、電力貯蔵のマーケットリーダーかつ超高速充電のパイオニア。2022年に3億ユーロの資金調達 ◆ "Promotion 2023 du programme French Tech Next40/120"（フランス経済・財務省プレスキット2023年2月20日）
オンライン給与支払、人事専用ソフトウェア
予算や事業計画、人事など、企業のためのビジネスプランニングプラットフォーム開発
フリーランスや中小企業の企業向けネットバンキングとオンライン決済システム。2022年1月にシリーズDの4億8,600万ユーロの資金調達 ◆ https://techcrunch.com/2022/01/10/business-banking-startup-qonto-raises-552-million-at-5-billion-valuation/
独立系不動産コンサルティングのデジタルネットワーク
保険業界向け不正検知ソリューション開発。すでに日本法人があり、日本の損害保険会社と協業 ◆ https://www.nikkei.com/article/DGXZRSP634399_V10C22A6000000/
サッカーやバスケットのデジタル選手カードを集めて競い合い、豪華賞品を獲得する次世代スポーツゲーム。300万人のユーザー ◆ "Promotion 2023 du programme French Tech Next40/120"（フランス経済・財務省プレスキット2023年2月20日）
経費請求プロセスを自動化するオールインワンの経費管理ソリューションを提供

企業名	URL	カテゴリー
Swile	https://www.swile.co/fr-fr/swile-card	フィンテック・インシュアテック
Veepee	https://m.veepee.com/	リテールテック
Verkor	https://verkor.com/	グリーンテック
Vestiaire Collective	https://www.vestiairecollective.com/	グリーンテック
Voodoo	https://www.voodoo.io/	エンタメ・カルチャー
Wifirst *	https://www.wifirst.com/	テレコム

業務内容（◆の下段は自社サイトほか投資情報等出典）
従業員の福利厚生などを一元管理するプラットフォームとカードの発行。2021年10月にソフトバンクインターナショナルからシリーズDで2億ドルの資金調達 ◆ https://techcrunch.com/2021/10/11/swile-raises-200-million-for-its-employee-benefits-card-and-app/
フラッシュセール業界に特化した国際的なEコマースサイト
EV用の次世代電池開発。2023年9月にシリーズCで8億5,000万ユーロの資金調達、欧州投資銀行による6億ユーロの債務支援の承認、フランスから約6億5,000万ユーロの補助金（欧州委員会の最終承認が条件）の調印を受け、20億ユーロ以上の資金を確保。それによりバッテリー製造のギガファクトリー建設が本格化する ◆ https://verkor.com/en/verkor-secures-more-than-e2-billion-to-launch-high-performance-battery-gigafactory-in-france-and-accelerate-future-sustainable-mobility/
中古ファッション売買サイトプラットフォーム。毎日2万5,000アイテムの出品あり ◆ "Promotion 2023 du programme French Tech Next40/120"（フランス経済・財務省プレスキット2023年2月20日）
モバイルゲームクリエイター。ダウンロード数は60億、毎月1,500万人が実際に利用 ◆ "Promotion 2023 du programme French Tech Next40/120"（フランス経済・財務省プレスキット2023年2月20日）
企業のDXを進めるための最適なITコネクションを提供

企業名	URL	カテゴリー
Ynsect	https://www.ynsect.com/	フードテック・アグリテック
Younited	https://group.younited.com/	フィンテック・インシュアテック
Zeplug *	https://www.zeplug.com/	モビリティ

業務内容（◆の下段は自社サイトほか投資情報等出典）
昆虫由来のタンパク製造・販売企業
インスタント金融プロバイダー
EVバッテリーソリューション開発。2022年に2億4,000万ユーロの資金調達 "Promotion 2023 du programme French Tech Next40/120"（フランス経済・財務省プレスキット2023年2月20日）

【巻末資料２－２】　フレンチテックNEXT40/120の「40」以外

企業名	URL	カテゴリー
52 Entertainment *	https://52-entertainment.com/	エンタメ・カルチャー
Adikteev	https://www.adikteev.com/	マーケティング・アドテック
Agicap	https://agicap.com/en/	フィンテック・インシュアテック
Agriconomie	https://www.agriconomie.com/	フードテック・アグリテック
Akeneo	https://www.akeneo.com/	リテールテック
Aledia	https://www.aledia.com/	エレクトロニクス・ロボティック
Alma	https://almapay.com/	フィンテック・インシュアテック
Anycommerce	https://www.anycommerce.io/en/	リテールテック

の82企業

業務内容　（◆の下段は自社サイトほか投資情報等出典）
さまざまなジャンルやデバイス向けのeゲームソリューションやオンラインゲームのプラットフォームを提供
最先端のリターゲティングアプリ、解約予測、クロスプロモーションのプラットフォーム
キャッシュフローのモニタリングと予測を一元化し、自動化するクラウドベースのプラットフォーム。顧客数は約6,000人 ◆ "Promotion 2023 du programme French Tech Next40/120"（フランス経済・財務省プレスキット2023年2月20日）
農業関連製品（器具、種子、農薬など）に特化したECサイト
顧客体験を向上させるための製品情報管理（PIM）と製品データ・インテリジェンス・ソフトウェアを開発
窒化ガリウム（GaN）－オン－シリコンナノワイヤー（WireLED™）を用いた独自の3Dアーキテクチャに基づくマイクロLEDディスプレイを開発
大規模な加盟店ネットワークで利用できるBNPL（後払い）のプラットフォーム開発。2022年2月には西欧での事業拡大を加速させるため、1億1,500万ユーロの資金調達を発表 ◆ https://www.euronews.com/next/2022/02/10/france-tech-alma
中小企業から大企業のオムニチャンネル対応のモバイル決済ソリューション

企業名	URL	カテゴリー
Anywr	https://www.anywr-group.com/	HR（人材開発）
BioSerenity	https://bioserenity.com/	ヘルステック・バイオテック・メドテック
Botify	https://www.botify.com/	データ・AI・サイバー・クラウド
Brevo	https://www.brevo.com/	マーケティング・アドテック
Brut.	https://www.brut.media/fr	エンタメ・カルチャー
Campings.com *	https://www.campings.com/fr/	トラベルテック
Certideal	https://certideal.com/	リテールテック
ChapsVision *	https://www.chapsvision.com/	データ・AI・サイバー・クラウド

業務内容　（◆の下段は自社サイトほか投資情報等出典）
テック、ライフサイエンス、医療、人事の分野に特化した国際的な人材マッチングプラットフォーム開発
電気生理学における、ネットワーク化した医療機器と革新的な医療サービスの開発企業
パフォーマンス重視のオーガニック検索を実現する企業向けソフトウェア開発。2021年9月にはシリーズCで5,500万ドルの資金調達。2021年日本法人設立 https://www.lefigaro.fr/secteur/high-tech/la-start-up-francaise-botify-leve-55-millions-de-dollars-20210902 https://www.excite.co.jp/news/article/Dprp_53374/
マルチチャンネルでのCRMプラットフォーム開発。2023年にSendinblueからBrevoに社名変更 "Promotion 2023 du programme French Tech Next40/120"（フランス経済・財務省プレスキット2023年2月20日） （注）　プレスキットのリスト上はSendinblueで登録されている。
ニュース、解説、インタビューなど100％映像メディアを広告のないアプリで提供
キャンプやコテージ、バンガローなどの専用予約サイト
高品質の整備済スマートフォンに特化した販売と迅速な配送サービス
ソブリンデータ処理のスペシャリストとして、膨大な異種データを活用するためのシステムを開発

企業名	URL	カテゴリー
CorWave	https://www.corwave.com/	ヘルステック・バイオテック・メドテック
Crosscall	https://www.crosscall.com/	エレクトロニクス・ロボティック
Cubyn	https://www.cubyn.com/	リテールテック
Deepki *	https://www.deepki.com/	データ・AI・サイバー・クラウド
Devialet	https://www.devialet.com/ja-jp	リテールテック
Ekwateur	https://ekwateur.fr/	グリーンテック
Equativ	https://equativ.com/	マーケティング・アドテック
Geosat	https://www.geo-sat.com/fr/	データ・AI・サイバー・クラウド
GoJob	https://gojob.com/	HR（人材開発）
HelloCSE *	https://www.hellocse.fr/	HR（人材開発）

業務内容　（◆の下段は自社サイトほか投資情報等出典）
革新的な心臓補助装置の開発
耐久性に優れ、持続可能なスマートフォンやタブレット端末を製造
マーケットプレイスでも実店舗でも、商品をより早く、より安く顧客に届けるプラットフォーム
よりよい意思決定の支援とモニタリングと分析のための不動産業界向けのSaaSプラットフォームを構築。2022年4月にシリーズCで1億5,000万ユーロの資金調達を実施 https://techcrunch.com/2022/03/31/deepki-grabs-166-million-to-help-real-estate-investors-reduce-carbon-emissions/
イヤホン、アンプ、スピーカー、サウンドバーなどのハイファイ・オーディオ製品を設計・製造。日本で販売中
再生可能エネルギーサプライヤー
オンライン広告管理のための技術的ソリューションを提供
3D計測のあらゆる分野を専門とする土壌エンジニアリングサービスを提供
人材派遣マッチング会社。登録者数150万人以上 "Promotion 2023 du programme French Tech Next40/120"（フランス経済・財務省プレスキット2023年2月20日）
従業員の福利厚生サービスを簡単に選べるアプリを提供

企業名	URL	カテゴリー
Homa	https://www.homagames.com/	エンタメ・カルチャー
HR Path	https://hr-path.com/en/	HR（人材開発）
Igyxos	https://www.igyxos.com/	ヘルステック・バイオテック・メドテック
Ilek	https://www.ilek.fr/	グリーンテック
ImCheck Therapeutics	https://www.imchecktherapeutics.com/	ヘルステック・バイオテック・メドテック
Inotrem	https://www.inotrem.com/	ヘルステック・バイオテック・メドテック
Iten *	https://www.iten.com/jp	ハードウェア・IoT
Iziwork	https://www.iziwork.com/	HR（人材開発）

業務内容　　（◆の下段は自社サイトほか投資情報等出典）
ハイパーカジュアル、カジュアル、ボードゲームを専門とするモバイルゲームディベロッパー。2022年10月に1億ドルの資金調達。ゲームは10億ダウンロード以上を達成 ◆ https://www.lesechos.fr/start-up/deals/homa-la-start-up-francaise-qui-affole-les-compteurs-dans-le-jeu-vidco-mobile-1868100
HR（人材開発）戦略コンサルタントからソフトウェア・ソリューションの実装、給与計算の外部委託までトータルなサービスを提供
バイオテクノロジー企業として男性と女性の不妊症の新しい治療法を開発
「メイド・イン・フランスの」ローカルでグリーンなエネルギー（電気、ガス）を供給
がんやその他の免疫関連疾患の治療用に設計された免疫調節抗体を開発
免疫療法に特化した臨床段階の先端バイオテクノロジー企業
SMD固体再充電式マイクロ電池をエレクトロニクス業界に提供する世界的メーカー。日本では菱洋エレクトロが代理店を務める ◆ https://www.ryoyo.co.jp/wryyp/wp-content/uploads/2023/04/46055ed90f52320e40c26c7fe7c29bc1.pdf
短期アルバイト専用の仕事探しサイト。20万人以上のフランス人が利用

企業名	URL	カテゴリー
Kineis	https://www.kineis.com/	ハードウェア・IoT
Klaxoon	https://klaxoon.com/fr	エデュケーションテック
La Belle Vie	https://www.labellevie.com/	フードテック・アグリテック
Le Collectionist *	https://www.lecollectionist.com/fr	トラベルテック
LeHibou *	https://www.lehibou.com/	データ・AI・サイバー・クラウド
Leocare	https://leocare.eu/fr/	フィンテック・インシュアテック
Libon	https://www.libon.com/	フィンテック・インシュアテック

業務内容 　（◆の下段は自社サイトほか投資情報等出典）
IoTアプリケーション向けにグローバルなコネクティビティを提供する衛星通信事業者
オフィスや遠隔地での共同作業を促進するソフトウェア・ソリューション開発。2023年2月に1,500万ユーロ相当の3度目の資金調達を完了 https://www.usine-digitale.fr/article/le-rennais-klaxoon-leve-15-millions-d-euros-et-change-de-strategie.N2103006
食品に特化したECサイトの運営と宅配サービス。2021年12月には2,500万ユーロの資金調達 https://www.lesechos.fr/start-up/deals/le-supermarche-en-ligne-la-belle-vie-se-lance-dans-huit-grandes-agglomerations-francaises-1372620
長期休暇向け高級志向の山小屋・海辺の一軒家の、レンタルサービス専門サイト
フリーランスのITエキスパートのプラットフォーム
自動車保険、バイク保険、家財保険の新世代オンライン契約サービス。80万以上のダウンロードを達成 ◆ "Promotion 2023 du programme French Tech Next40/120"（フランス経済・財務省プレスキット2023年2月20日）
決済機能付通話アプリ

企業名	URL	カテゴリー
Lifen	https://www.lifen.health/	ヘルステック・バイオテック・メドテック
Little Worker *	https://www.littleworker.fr/	不動産テック
Lucca *	https://www.lucca.fr/	HR（人材開発）
LumApps	https://www.lumapps.com/	データ・AI・サイバー・クラウド
Malt	https://www.malt.fr/	HR（人材開発）
Matawan	https://matawan-mobility.com/	モビリティ
Medadom	https://www.medadom.com	ヘルステック・バイオテック・メドテック
Mnemo Therapeutics	https://www.mnemo-tx.com/	ヘルステック・バイオテック・メドテック
Myditek *	https://www.myditek.com/	フードテック・アグリテック

業務内容　（◆の下段は自社サイトほか投資情報等出典）
医療機関のデジタルネットワーク・インフラストラクチャーを開発、提供。2021年11月には5,000万ユーロの資金調達 ◆ https://techcrunch.com/2021/11/15/lifen-raises-58-million-to-digitize-the-healthcare-industry/
不動産の売買、リノベーションなどの相談、マッチングサイト
人事管理プラットフォーム開発。1つのプラットフォームに複数のソリューションを一元化し、利用者の快適性を優先
従業員のコミュニケーションを活性化し、組織の生産性を高めるクラウド型社内ポータルソリューション
フリーランス人材のプラットフォーム。企業とのマッチングを行う
Ubitransportから社名変更。さまざまな交通機関での移動を容易にするデジタル・プラットフォーム
スマートフォンやパソコンからのオンライン遠隔診断ソリューション
がんの治療法となる細胞療法を含む、免疫に基づく治療法の発見と開発に注力するバイオテクノロジー企業
コネクテッドデバイス、アルゴリズム、トレーサビリティを利用して、農業や養殖業の生産プロセスやシステムを最適化するための包括的なプラットフォーム

企業名	URL	カテゴリー
MYM	https://corporate.mym.fans/en/	エンタメ・カルチャー
Okamac *	https://www.okamac.com/	グリーンテック
Open Classrooms	https://openclassrooms.com/en/	エデュケーションテック
Ornikar	https://www.ornikar.com/	エデュケーションテック
Papernest	https://www.papernest.com/	フィンテック・インシュアテック
Pennylane	https://www.pennylane.com/fr/	フィンテック・インシュアテック
Pharmedigroup	https://pharmedigroup.fr/	ヘルステック・バイオテック・メドテック
Platform.sh	https://platform.sh/	データ・AI・サイバー・クラウド
PlayPlay	https://playplay.com/	マーケティング・アドテック

業務内容　（◆の下段は自社サイトほか投資情報等出典）
現在ユーザー数600万人以上のプライベート・ソーシャル・ネットワーク。影響力のある著名人（アーティスト／スポーツ選手／モデル、デザイナー等）とそのコミュニティとの関係に新たな視点を提供
MACの中古再生品専門のECサイト
オンライン教育およびトレーニングプラットフォーム。特にデジタル＆グローバルの新時代に需要が高まる領域を得意とする
オンライン自動車教習所とオンライン自動車保険サービス
電気、ガス、インターネット、モバイル、保険等の加入、移行、解約、契約、更新の切替えなどが簡単にできる、スマートなサブスクリプション・ソリューションを提供
会計士向けのソフトウェア・ソリューションと中小企業向けの財務管理ツールを組み合わせたフランス唯一のプラットフォーム。2022年1月にシリーズBで5,000万ユーロの資金調達 https://partechpartners.com/news/pennylane-raises-57-million-50-million-in-series-b-funding-from-existing-investors-sequoia-capital-global-founders-capital-and-partech
1万人以上の薬剤師および薬剤師チームが、あらゆるヘルスケア関係者（検査機関／保険会社／サービス・プロバイダー／メーカー）とリアルタイムで双方向に連絡可能な、デジタル・サービス・プラットフォーム
継続的デプロイメントのために構築されたPaaS
企業向け、プロフェッショナル向けの映像制作ソリューション

企業名	URL	カテゴリー
Prophesee *	https://www.prophesee.ai/	エレクトロニクス・ロボティック
Qair *	https://www.qair.energy/	グリーンテック
Sarbacane *	https://www.sarbacane.com/	マーケティング・アドテック
Seyna *	https://www.seyna.eu/	フィンテック・インシュアテック
Singulart	https://www.singulart.com/ja/	エンタメ・カルチャー
Skeepers	https://skeepers.io/en/	データ・AI・サイバー・クラウド
Skello	https://www.skello.co/	HR（人材開発）
Smallable	https://www.smallable.com/fr	リテールテック
SparingVision	https://sparingvision.com/	ヘルステック・バイオテック・メドテック

業務内容　（◆の下段は自社サイトほか投資情報等出典）
従来のイメージセンシングとは異なる事象変化（イベント）部分のみをとらえる次世代のセンシングデバイス、イベントセンシングを開発。日本代理店あり ◆ https://www.restar-ele.com/business/electronic/prophesee.html
再生可能エネルギーの独立系事業者
営業のメーリングやSNSなど、企業にかかわるすべてのコミュニケーションを一元化するプラットフォーム
保険ブローカーが業務を最適化するための、インシュアテックの一元化プラットフォーム
現代アートのオンライン販売によって、世界の若手アーティストの育成、活躍の場を提供
ブランドと消費者を結びつけ、リーチを拡大し、エンゲージメントを高め、売上げと顧客維持を促進するためのショッパー・エンゲージメント・ソリューションを提供
オンラインスケジュール管理ソリューション。毎日20万人が利用 ◆ "Promotion 2023 du programme French Tech Next40/120"（フランス経済・財務省プレスキット2023年2月20日）
子供がいる若い世帯をターゲットとしたオンライン・コンセプト・ストア ◆ https://www.forbes.fr/lifestyle/smallable-retour-sur-la-success-story-dun-concept-store-que-rien-narrete/
眼疾患治療をリードするゲノム医薬品企業。2022年9月にシリーズBで7,500万ユーロの資金調達

企業名	URL	カテゴリー
Superprof *	https://www.superprof.fr/	エデュケーションテック
Sweep *	https://www.sweep.net/	グリーンテック
Tap Nation *	https://www.tap-nation.io/	データ・AI・サイバー・クラウド
Tissium	https://tissium.com/	ヘルステック・バイオテック・メドテック
Tootila *	https://www.tootila.gp/	リテールテック
TreeFrog Therapeutics	treefrog.fr	ヘルステック・バイオテック・メドテック
Trusk	https://www.trusk.com/	モビリティ

業務内容　（◆の下段は自社サイトほか投資情報等出典）
オンラインと対面で、2,500万人の個別指導教師とのマッチングが可能
企業のCO2排出量をモニタリングするプラットフォーム開発。2021年12月にシリーズAで1,900万ユーロの資金調達 ◆ https://techcrunch.com/2021/12/16/sweep-raises-a-22m-to-aim-at-large-corporates-scrambling-to-deal-with-carbon/
モバイルゲーム・パブリッシャー。10億以上ダウンロード ◆ https://europeangaming.eu/portal/latest-news/2023/11/07/146736/tapnation-gains-e15m-funding-accelerating-its-momentum-in-the-mobile-gaming-industry/
生体形態のプログラム可能なポリマーのプラットフォームの開発を通じて、外科分野での患者のポジティブインパクトを提供
家具やインテリアの購入、内装やデザインに関するアドバイスや建築作業まで、家にかかわるマーケットプレイス
iPS細胞をはじめとした多能性幹細胞由来の細胞治療を開発しているバイオテクノロジー企業。2023年8月に神戸医療産業都市に新たな事業拠点を開設 ◆ https://kobe-investment.jp/interview/treefrog/
プロの配送業者のネットワークシステム。2022年にフランス国内で約1,000万個の配送実績 ◆ "Promotion 2023 du programme French Tech Next40/120"（フランス経済・財務省プレスキット2023年2月20日）

企業名	URL	カテゴリー
Ultra Premium Direct	https://www.ultrapremiumdirect.com/	フードテック・アグリテック
Virtuo	https://www.govirtuo.com/fr	モビリティ
Visiperf	https://visiperf.io/	リテールテック
Withings	https://www.withings.com/jp/ja/	ヘルステック・バイオテック・メドテック
Yespark *	https://www.yespark.fr/	モビリティ
Yousign	https://yousign.com/	フィンテック・インシュアテック
Yubo	https://www.yubo.live/	エンタメ・カルチャー

業務内容　　（◆の下段は自社サイトほか投資情報等出典）
犬・猫用のフランス製ペットフードの製造、販売
長期間のレンタカーサービスのプラットフォーム
リテールやブランドでのデジタルキャンペーンの費用対効果を最大限にするソリューション。現在、1万5,000店以上の小売店、300以上のブランドで使用
スマートウォッチ、スマート体重計などヘルスケアモニタリングのデバイスを開発
自動車、バイク、自転車等の長期レンタルパーキングのマッチングサービス
すべての書類に適応可能な、便利かつ法的拘束力のある電子署名ソリューション
「楽しい共通の趣味をもつ」バーチャル・コミュニティのための安全なライブ・ソーシャル・ディスカバリー・プラットフォーム

あとがきにかえて

　2023年10月18日、東京の在日フランス大使館にて、フレンチテック10周年のレセプションパーティーが開催された[1]。およそ180名のフレンチテック関係者、フレンチテック東京のメンバー、在日フランス企業、日本企業、メディア等が集まり、フランスのスタートアップ支援政策でスタートアップエコシステムのイニシアチブである「フレンチテック」の10周年を祝ったのだった。

　参加者の多くは、「フランスでテック？」といわれたスタート当時の困難さを思い出し、いまとなってはフランス発のスタートアップに多くの投資が集まり、さらにはパリで開催されるスタートアップの祭典ビバテクノロジーの知名度、そして集客が上昇したことに、10年の歴史と変化を実感していたようだ。そして何よりも、このような政策が成果をあげつつ10年間続いた「継続性」を賞賛していた。

　第1章で述べたようにこの「フレンチテック」は現マクロン大統領がデジタル担当大臣時代から手塩にかけた政策といっても過言ではないし、そのように理解されている。しかし、このフレンチテック10周年にあたり、フレンチテックの政府系の推進機関である「ミッションフレンチテック」の10年の歩みを記

1　正式名称は「CEATECレセプション兼フレンチテック東京10周年記念イベント」。

した公式ウェブサイト[2]には、マクロン氏の名前はいっさい記載されていない。

〈ミッションフレンチテックの歩み〉（筆者による抜粋・翻訳）

2013年1月　フルール・ペルラン（Fleur Pellerin）イノベーション・デジタル経済担当大臣によりミッション・フレンチテック誕生。

2015年1月　アクセル・ルメール（Axelle Lemaire）デジタル・イノベーション担当大臣により、フレンチテックの国際的なハブ、そして国際的なイベントへの出展のために1,500万ユーロの予算を割当て。

2016年10月　世界22都市にフレンチテック・コミュニティを認定。

2019年4月　フランス国内に13のフレンチテック・キャピタルと43のフレンチテック・コミュニティを認定。〈第1次の認定。3カ年〉

2019年9月　セドリック・オー（Cédric O）デジタル担当大臣により、将来有望なスタートアップを積極的に支援するためのフレンチテックNext40/120が任命。

2023年2月　フランス国内に16のフレンチテック・キャピタルと34のフレンチテック・コミュニティ、そして海外

2　"Présentation de la Mission French Tech"（フレンチテック公式サイト2023年11月14日更新　https://lafrenchtech.gouv.fr/fr/qui-sommes-nous/presentation/）

に67のフレンチテック・コミュニティを認定。〈第2次の認定。3カ年〉

2023年6月　政府主導の産業計画「フランス2030」と連動するスタートアップ支援プログラムとして「フレンチテック2030プログラム」の創設。

しかしながら、マクロン氏がデジタル担当大臣時代から大統領である現在にいたるまで、フロントマンとしてフレンチテックを盛り上げたことは自明であり、またそれだけではなく、その時々の優秀な、しかもスタートアップやイノベーションに詳しい政治家たちがそのタイミングにあった支援策やプログラムを実施し続けたことが、このフレンチテック10年の継続と成功の理由といえるであろう。すでにフレンチテック2030が発表されているように、マクロン大統領の任期終了後も、このフレンチテック政策が継続していく姿が容易に想像できる。

かたや日本では、現在「スタートアップ育成5か年計画」の真っ最中である。2022年2月に岸田総理が「スタートアップ創出元年」と高らかに述べたことは第4章でもすでに述べているが、そこに成功と継続性はあるのか。

とても残念な現実をお知らせしたい。筆者は国立大学の経済学部の学生に講義をしているが、講義の一環で、フランスのイメージに関するアンケートと同時に、「スタートアップを知っていますか」というアンケートを実施している。その結果、約50パーセントの学生が「知らない」と回答している。これが全

学部共通の（教育学部や理系の学生を含めた）1年生の回答では「知らない」が80パーセント以上になる[3]。これが日本の大学生のスタートアップの認知度の現実である。「スタートアップ創出元年」をいくら掲げても、これからまさにスタートアップを創出していく可能性がある学生たちがスタートアップを知らないという事実を、まずは重く受け止めるべきだと思う。

このようにスタートアップを知らない学生たちも、筆者が講義でスタートアップについて解説すると、「いま自分のまわりにある身近な問題を解決するためにスタートアップをやってみたい」「組織に縛られない自分らしい働き方ができるならばスタートアップに挑戦したい」と、とても柔軟に、スタートアップへの取組みを自分事として考え始める。もちろん、「自分にはイノベーションを起こすようなアイデアもリーダシップもない」という学生も多くいるが、そのかわりに「銀行や地方公務員としてスタートアップや起業を支えたい」や「大企業のなかで企業内新規プロジェクトを立ち上げたい」など、いわゆるスタートアップエコシステムの当事者としての意識が芽生える学生もいる。

つまりまずは知ること、そして自分事として考えることによって、スタートアップやイノベーションが生まれやすくなるのではないか。

フレンチテックの成功は、フランスのイメージチェンジの成

3　筆者が2023年7月に実施した信州大学での講義のための学生事前アンケートの結果。

功、そしてブランディングの成功によるものだと筆者は考えている。さすがイメージ戦略に長けたフランスらしいやり方だと感心する一方、日本として何ができるのか考えると、何よりもまずは大学生のスタートアップの認知度の結果をふまえて、政策をきちんと知らせること、そして情報が届くように発信することが大事だと思われる。

そんななか、本書の最終の校正段階において、本書に登場する日本のスタートアップ支援策においてリーダーシップをとってきた政治家の政治資金問題が発覚した。こういう問題が起こることで、日本のスタートアップ支援策が足踏みすることがあればとても残念である。かたやフランスでは34歳の史上最年少の新首相Gabriel Attal（ガブリエル・アタル）が誕生し、政治での世代交代、新しい風が常に吹いていることを実感した。彼は国民教育・若者大臣[4]の経験があることから、マクロン大統領のすすめる「フレンチテック」のなかで、若年層と起業、起業家教育にとって追い風になることは間違いないだろう。

さて最後になるが、筆者は東京でのフレンチテック10周年を祝うレセプションパーティーには参加していない。ちょうどその日は、フランスはディジョン市で、熊本県—ディジョン都市圏の国際交流協定締結のオープニング・セレモニーが開催され、熊本や広く九州の食材を使った試食品をディジョンの地元の参加者に配っていた。日仏の地方と地方、そして市民と市民

---

4 https://jp.ambafrance.org/Gabriel-Attal

の交流に立ち会い、そこから新しい地域発、伝統発のイノベーションが始まる現場に居合わせた。偶然のめぐりあわせであるが、こうしてフレンチテック、そしてイノベーションの輪が、政府や国のレベルから地域や地元産業に広がる縁を実感しつつ、この本を締めくくりたい。

KINZAIバリュー叢書
フレンチテック
──伝統からイノベーションへ。
　　変化するフランスとスタートアップ

2024年4月3日　　第1刷発行

監修・著者　林　　　薫　子
著　　　者　上　田　　　敬
　　　　　　今　井　公　子
発　行　者　加　藤　一　浩

〒160-8519　東京都新宿区南元町19
発　行　所　一般社団法人 金融財政事情研究会
出 版 部　TEL 03（3355）2251　FAX 03（3357）7416
販売受付　TEL 03（3358）2891　FAX 03（3358）0037
URL https://www.kinzai.jp/

校正：株式会社友人社／印刷：株式会社光邦

ISBN978-4-322-14398-0